HB Bildatlas

Liebe Leserinnen und Leser,

Autor dieses Bandes ist Roland Hanewald, früher auf den Sieben Meeren, heute im Oldenburgischen zu Hause.

Die Fotos stammen von Marc-Oliver Schulz aus Hamburg, wo seine Lieblingsmotive, die Landschaften an und hinter der Küste, immer nur einen Katzensprung entfernt liegen (Foto: Wangerooges alter Leuchtturm).

an der Küste, heißt es, sieht man schon heute, wer morgen zu Besuch kommt. In der Tat ist das Land zwischen Ems und Weser zum großen Teil so flach, als sei ein Bügeleisen darüber hinweggefahren. Erst auf der Geest wird das Terrain welliger; im Oldenburgischen spricht man angesichts einiger Hügelchen bereits von ›Bergen‹. Ein Land ohne große Auswüchse also, eine Region, in der man auf Schritt und Tritt Echtes, Ungekünsteltes antrifft. Dies gilt auch für die Menschen des Nordwestens und alles von ihnen Geschaffene. Ohnehin überwiegt das Land gegenüber den Städten, die zudem humane Dimensionen nie überschreiten. Wenn hier etwas groß ist, dann sind es weniger die Hochhäuser als die Fußgängerzonen. Und fünf der sieben Ostfriesischen Inseln verzichten ganz auf das Auto: Kleine Eilande mit viel Platz für den Genuss unangegurteten Lebens.

Althergebrachtes gibt es in Ostfriesland überall. Die wuchtigen Kirchen haben die Würde vergangener Zeiten bewahrt, die Häfen vor den Deichen atmen Vergangenheit. Marsch, Geest und Moor sind Bauernland, und manche Höfe haben so viele Jahre auf dem Buckel, dass Traktoren dort wie Fremdkörper anmuten. Und gern bewahrt man das Traditionelle. Denn man hat nicht vergessen, dass vieles, was gut war, dies immer noch ist. Das gilt auch für den Umgang mit Natur und Umwelt: Die Moore, einst der Kultivierung anheim gefallen, werden vielerorts wieder Wildnis; Auenlandschaften, durch die Regulierungswut des Menschen fast zerstört, regenerieren sich; über den Inseln verdunkeln wieder Vogelschwärme die Sonne, und Seehunde flecken die Watten.

Freude, diese Welt zu entdecken, wünscht

Ihr HB-Bildatlas-Team

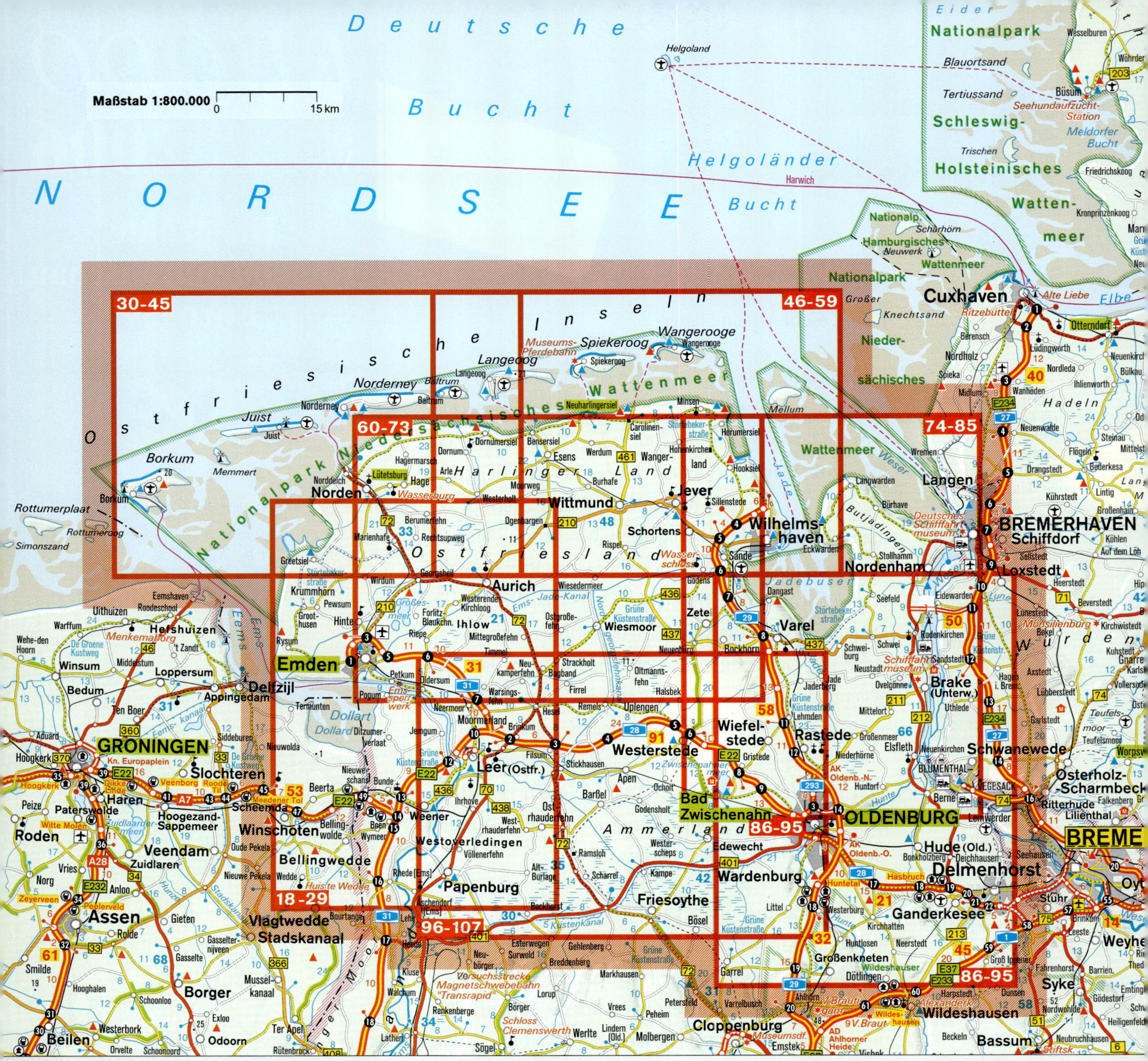

Ebbe und Flut bestimmen die Badezeiten. Und Wangerooges Strandwärter wacht darüber

Ein Küstenland zeigt Flagge: Wind und Meer, Dünen, Deiche, Häfen, Schiffe, Städte und Schlösser, Moore und Museen.

To Hus is es am besten

Als Seefahrernation können Ostfriesen ein Wort mitreden, wenn es um Welt›Anschauung‹ geht. Erfahrung bleibt gefragt – heute schickt man von Papenburg aus die mächtigsten Schiffe in alle Welt. Und ist selbst am liebsten ›to Hus‹: in den Dörfern der Krummhörn oder im kulturell ambitionierten Emden.

Inhalt

Krabben aus dem Wattenmeer in Dorumersiel

Einmal auf Granat beißen

Kutter im Hafen, ein romantisches Bild, wie man es längs der Küste vielfach antreffen kann (Foto: Fedderwardersiel). Doch das Gewerbe ist eher nüchtern. Die meisten der großen Kutter gehen auf kleine Beute. Sie fischen nach Krabben. Noch auf See werden die Garnelen gekocht, wodurch sie ihre rosa Farbe erhalten. Granat nennt man sie dann, und die sollte, nein: muss man mal probieren an der Küste.

D 7

Im Zeichen des Drachen

Die Chinesen begehen es alle zwölf Jahre. Auf den Inseln Ostfrieslands findet das Jahr des Drachens jeden Sommer statt. Auf Borkum und Norderney (Foto) werden sogar internationale Festivals daraus. Dann erheben sich gewagte Konstruktionen in den Nordseehimmel, von nichts getrieben als steifem Wind. Da steckt eine Aufwärtstrend-Symbolik drin, die Glücksgefühle ganz eigener Art bewirkt.

CVJM
Cassi 52

Zeitlos kühle Linienführung

Wilhelm Busch beklagte schon im 19. Jahrhundert die zunehmende Verstädterung des Inselorts Borkum. Die Fischerdorf-Atmosphäre verschwand, und an die Stelle windschiefer Katen unter Reet traten die Tempel des neuen Geldbringers, des Tourismus: klassizistische Bauten im Seebäderstil, die Selbstbewusstsein ausdrücken – und einen klaren Willen zur Eleganz (Foto: Borkumer Strandpromenade).

Kein Mangel an Kultur

Bauern und Fischer, Misthaufen und Seestiefel – so stellt sich manch einer Ostfriesland und die Küste vor. Das stimmt auch, aber nur zum Teil. Denn sind auch Schützenfeste und Kutterregatten populärer, so gibt es doch auch Sinfoniekonzerte und Orgelsommer. Und Henri Nannens Emder Kunsthalle und das hochgelobte Staatstheater in Oldenburg. Und eine Unmenge von Museen und Büchereien. Deshalb: Wenn es mal regnet, was vor kommt, gibt es zum Draußen jede Menge Drinnen-Alternativen (Foto: Emdener Johannes-A.-Lasco-Bibliothek).

Ostfriesische Wahrzeichen

Genau dreißig Jahre lang, ab 1889, leuchtete der farbenfrohe ›Pilsumer‹ den Seefahrern heim. Dann wurde das Fahrwasser verlegt, und das fünfzig Meter höhere Campener Leuchtfeuer übernahm die Aufgaben des geringelten Veteranen. Heute arbeitslos, steht er auch als Symbol für Zeiten, als nicht nur kaltes Funktionieren das Tun der Menschen bestimmte. Leuchttürme kommen wegen neuer Navigationssysteme aus der Mode. Schafe dagegen nicht – niemand tritt effektiver die Deiche fest.

Stolzes Oldenburg

Oldenburg kann auf eine über viele Jahrhunderte glückliche Geschichte zurückblicken. Nie sahen seine Bürger Veranlassung, die Herrschaftssitze der Obrigkeit als ›Zwingburgen‹ zu betrachten. In ihnen wohnte halt die bessere Verwandtschaft, mehr nicht. Heute ist man auch ein bisschen stolz auf die repräsentativen Bauten. Schließlich gehört das Oldenburger Schloss zu den architektonischen Glanzstücken im deutschen Nordwesten.

MUSEUM

WEISSE DÜNE
GREETSIEL
GRE 22

To Hus is es am besten

Von der deutschen Nordwestecke fuhren einst ostfriesische Seeleute in alle Welt. Zu Weltoffenheit gelangten sie als Anhänger überschaubarer Zusammenhänge dort weniger als zu der Einsicht, dass es ›to Hus am besten is‹ – so jedenfalls die ›Ostfriesenhymne‹. Nirgendwo hat diese Erkenntnis mehr Gültigkeit als im Westen der Region, rund um Emden, Leer und Papenburg. Denn hier befindet sich Ostfrieslands vielseitigstes und zugleich quirligstes Segment.

Nach der Fangfahrt gönnt sich die Greetsieler Kutterflotte eine Ruhepause.

▲ Niederländisch-barockes Waage-Gebäude und Rathaus von 1894: Leeraner Wahrzeichen ▼ Papenburger Hightech: Bau eines Ozeanriesen bei Jos. L. Meyer

▲ Im Haus Samson in Leer ...

▼ ... residiert eine bekannte Weingroßhandlung

▼ Ohne Schweiß kein Preis: auf der Meyer-Werft

Ein Schiff wird kommen, hoffentlich. Diesen vorsichtigen Optimismus drücken jedenfalls die Beschäftigten der Meyer-Werft in Papenburg aus, auf der vor allem elegante Kreuzfahrtschiffe für Kunden in aller Welt gebaut werden. Das weit im Binnenland gelegene Unternehmen hat sich eine marktführende Position auf diesem Sektor gesichert, auf dem vormals die Italiener den Ton angaben – bis sie zu teuer wurden. Um im globalen Reigen mittanzen zu können, muss die Werft heute immer dickere Pötte abliefern.

Nur noch Dickes

Und dafür muss das bescheidene Flüsschen Ems immer weiter vertieft werden. Das führt zu heftigen Kontroversen mit Menschen, denen die unverfälschte Natur ihrer Heimat nun einmal lieb und wert ist. Wie soll es weitergehen? Besorgniserregend erscheint Beobachtern beider Seiten, dass nur noch die Dickschiffe konkurrenzfähig sind, weil das mittlere Tonnage-Segment weggebrochen ist.

Und weil weltweit andere Anbieter an Know-how und im Preis-Leistungs-Verhältnis unablässig aufholen. Auf das kommt es letztlich an; die Erhaltung von Arbeitsplätzen ist für den Käufer uninteressant. Ein im Helgolandverkehr eingesetzter Katamaran wurde nach diesen Kriterien nicht etwa an der deutschen Waterkant gebaut, sondern in Perth im fernen Australien. Und dennoch hat das knallharte Geschäft hier auch seine romantische Seite: So einen Riesenpott die schmale Ems herunterschippern zu sehen, ist schon ein Erlebnis, an das sich seine Teilhaber noch jahrelang erinnern.

Auf der Dollard-Route

Der Dollart, das ist jene große, vom 13. bis zum 15. Jahrhundert entstandene Bucht an der Emsmündung. Und die hier skizzierte Route ein Radwanderweg in ihrem Süden: Er führt aus dem ostfriesischen Rheiderland in die Provinz Groningen hinüber, und drum sieht man den Namen der Bucht auch oft mit einem ›d‹ am Ende. Das ist die niederländische Schreibweise, der deutsche Broschüren dieserart entgegenkommen – was die Holländer natürlich gerne sehen.

▲ *Kleine Werften zimmern große Boote: Holz ist das Material der Firma Bültjer in Ditzum*

▼ *Von Ditzum nach Petkum: mit dem Fahrrad über die Ems*

▲ Weeners ›Törfwieven‹ – Torfweiber – gehören zu den Attraktionen des Städtchens

▲ Rheiderländer Stillleben: Kühe bei Jemgum …

▼ … und Kaltblutpferde bei Bunde

Die Route folgt in ihren Anfängen zum großen Teil dem linken Emsufer. Dort ›ummt‹ es sich gewaltig: Pogum, Ditzum, Hatzum, Critzum, Midlum, Jemgum, Bingum, Kirch- und Ferstenborgum. Von rechts der Ems grüßen Petkum, Gandersum und Oldersum hinüber, und in Holland gibt es noch ein paar mehr von der gleichen Kategorie.

Start der Tour ist in Ditzum, das mit Petkum und Emden Fährverbindung hat. Und sie endet im holländischen Delfzijl, wo es wiederum eine Fähre nach Emden gibt. Dazwischen führen etwa 180 Kilometer durch zur Gänze plattes, grünes, von viel Wasser durchzogenes Land, manches als ›Polder‹ dem früher viel größeren Dollart erneut abgerungen. Immer wieder passiert man Städtchen und Dörfer, die aussehen, als würden sie ständig mit Schrubber und Seife bearbeitet. Und alte Kirchen mit historischen Orgeln: In wenigen Regionen Europas findet man mehr als hier.

Vor den Deichen hantieren Fischer mit Netzen und Reusen, und kleine Werften zimmern gelungene Boote. Die Ostfriesen nennen diese Ecke ihres Landes das ›Endje van de Wereld‹, also deren Ende. Wenn man die Marschen gemächlich durchradelt und sich immer aufs Neue an schönen Szenen erfreuen kann, gewinnt man aber eher den Eindruck, die Welt, die heile nämlich, die begönne hier.

Seltsames Land Krummhörn

Der Name des Landes rechts der Ems-Mündung mag mit ›krumme Ecke‹ etwas salopp übersetzt sein, aber nicht völlig falsch. Historikern gibt er dennoch viele Fragen auf; sogar eine normannische Verbindung halten sie für möglich. Der erste Eindruck, den man in Ostfrieslands Nordwesten erhält, ist in der Tat ein fremdartiger. Und wenn man ein wenig in den Annalen der Krummhörn blättert, vertieft sich dieses Empfinden noch.

Schon einige Namen der 1972 zu einer Gesamtgemeinde zusammengeschlossenen 19 Einzeldörfer klingen sehr ungewöhnlich: Canum, Grimersum, Jennelt, Loquard, Manslagt, Upleward, Uttum, Visquard, Woltzeten, Woquard. Sie alle stehen auf Wurten, menschengemachten Erdhügeln, die früher, als es noch keine Deiche gab,

▲ *Der Bingumer Shantychor in Aktion bei den Emder Matjestagen*

▲ *›Voll voraus‹ in der Emder Seeschleuse – doch als Werftstandort hat der Hafen kaum noch Bedeutung*

▼ *Pisa verblasst gegen den Suurhuser Kirchturm*

▼ *Wechselausstellung in der Kunsthalle Emden*

▲ Vergnüglich: Ende Mai sind Matjestage in Emden ▼ Treu: Wegweiser auf der Emder Hafenmole

wie winzige Inseln aus der See geragt haben müssen. Auf ihnen erhoben sich wuchtige Kirchen, großenteils noch heute erhalten, und um sie herum scharten sich Bauernhäuser wie Küken um die Glucke. Das Regime hatten Häuptlinge, die an Robustheit ihren indianischen Kollegen um nichts nachstanden. Und die einander wenig grün waren, und so gab es oft genug Krach.

SPECIAL

Kunst am Anleger

Bis 1986 war Emden auf Grund seiner Randlage vor allem für hohe Arbeitslosenzahlen bekannt. Auch der Komiker Otto Waalkes lieferte einen gewissen Beitrag zur Popularität seiner Heimatstadt. Doch dann kam Henri Nannen, geborener Emder und als Mann von der Illustrierten ›Stern‹ in permanenter Siegerlaune. Viele Jahre lang war Nannen Kunstsammler und -mäzen gewesen; jetzt wollte er der Vaterstadt seine kostbare Kollektion zum Präsent machen und auf eigene Kosten ein Museum dazu bauen. Nannens Pläne wurden mit großer Skepsis aufgenommen. Die Emder waren es nicht gewohnt, dass man ihnen etwas schenkte. Doch heute sind sie auf diese kulturelle Begegnungsstätte, die sie sozusagen mitten auf die internationale Kunstachse katapultierte, gewaltig stolz. In Nannens Kunsthalle gibt es Feinstes zu Expressionismus, Neuer Sachlichkeit und russischen Dissidenten zu bewundern, und jährlich finden sich doppelt so viele Besucher ein, wie Emden Einwohner zählt – rund 50 000 –, und sorgen für Umsatz und neue Arbeitsplätze. Die Kunsthalle steht direkt am Wasser; sie hat sogar ihren eigenen Bootsanleger. ›Ein Haus mit menschlichen Dimensionen‹, nannte Richard von Weizsäcker sie bei der Einweihung – ein wahres Wort!

Alles in allem ein Land wie im klassischen Western, von muskulöser, faszinierender Ursprünglichkeit. Davon ist einiges erhalten geblieben, wenn auch Verfechter modernerer Symbole mit Hühnerfarmen, Autorennstrecken und Küstenbaumaßnahmen nach Kräften bemüht sind, solche Impressionen gar nicht erst aufkommen zu lassen.

▲ *Idylle in Greetsiel*

▼ *Lichte Schönheit: die Groothuser Kirche*

▲ *Greetsiels Zwillingsmühlen*

▼ *Der ›Alte Fritz‹ hält Wacht an der Knock*

▼ *Stille Dämmerungsstunde am Knockster Tief*

Tiefer und schiefer

Ist es ein Wunder, dass eine von Deutschlands tiefsten natürlichen Senken hier, in der wässrigen Krummhörn, liegt? Um immerhin 2,30 Meter unter dem Meeresspiegel handelt es sich, und zu finden ist das Loch in Freepsum, mitten in der patschnassen Marsch, die ständig von gewaltigen Pumpen (bis zu 60 Tonnen Wasser pro Sekunde!) vor dem Ertrinken bewahrt werden muss. Dabei kann man mithelfen: Für den Versuch, den schlüpfrigen Krater mit Eimern leer zu schöpfen, erhält man sogar ein anerkennendes Zertifikat.

Auch dies ein Rekord: Der ›Schiefe Turm von Suurhusen‹ im Norden von Emden ist nicht der einzige dieser Art in Ostfriesland. Mehreren anderen wurde der weiche Untergrund, auf den man sie gesetzt hatte, zum Verhängnis. Doch mit einer Abweichung von präzisen 2,428 Metern von der Senkrechten stellt der Suurhuser Turm aus dem Jahr 1282 sogar den von Pisa in den Schatten.

Kutterparade in Greetsiel

Noch ein Rekord! Er ist zwar ein relativ billiger, wenn man bedenkt, dass es an Deutschlands Küsten gerade mal eine Hand voll romantischer Sielhäfen gibt. Ein Siel, das sollte nicht unerwähnt bleiben, ist ein großer Entwässerungsgraben, also etwas eher Unromantisches. Aber das malerische Greetsiel mit seiner auf das Jahr 800 zurückzuverfolgenden, bewegten Lokalgeschichte und 27 aktiven Krabbenkuttern hat sich den Ruf des schönsten Sielhafens an der Küste bewahrt.

Manchen Fans des allein schon wegen seiner adretten Zwillingsmühlen besuchenswerten Örtchens passt allerdings nicht, dass der Hafen seit 1991 durch eine Schleuse von Ebbe und Flut abgekoppelt ist – schließlich machte das Auf und Nieder der Gezeiten viel von Greetsiels Charme aus. Was sagen die Einheimischen zu dem permanenten Stauwasser? Sie werden sich, wie bei allen nötigen und unnötigen ›Küstenschutzmaßnahmen‹, daran gewöhnen müssen. Wie damals, als der preußische Friedrich ihnen an der Knock beim Deichbau unter die Arme griff. Und wie an ihren autofreien Ortskern – obwohl sie so strikt dagegen waren.

44
72
58
106
Leybucht
Hamburger Sand
Greetsiel
Pilsum
Manslagt
Krummhörn
Campen
Rysum
Loquard
Twixlum
Wybelsum
Wybelsumer Polder
Larrelt
Conrebbersweg
Hinte
Osterhusen
Suurhusen
Marienhafe
Osteel
Leezdorf
Upgant-Schott
Brookmerland
Südbrookmerland
Rechtsupweg
Moorhusen
Münkeboe
Victorbur
Wiegboldsbur
Bedekaspel
Forlitz-Blaukirchen
Berumerfehn
Halbemond
Großheide
Aurich (Ostfriesland)
Walle
Wallinghausen
Egels
Sandhorst
Plaggenburg
Dietrichsfeld
Kirchdorf
Schirum
Ihlow
Ihlowerfehn
Riepe
Simonswolde
Ochtelbur
Bangstede
Ludwigsdorf
Westersander
Ostersander
Großefehn
Timmel
Hatshausen
Neukamperfehn
Emden
Wolthusen
Borssum
Petkum
Widdelswehr
Oldersum
Tergast
Moormerland
Neermoor
Warsingsfehn
Veenhusen
Hesel
Ems
Dollart
Termunten
Rheiderland
Ditzum
Pogum
Jemgum
Bunde
Weener
Leer (Ostfriesland)
Loga
Logabirum
Heisfelde
Nortmoor
Brinkum
Holtland
Nüttermoor
Bingum
Westoverledingen
Ihrhove
Rhauderfehn
Papenburg
Aschendorf
Rhede (Ems)
Stapelmoor
Nieuweschans
Winschoten
Bellingwolde
Oude Pekela
Finsterwolde
Midwolda
Scheemda
Heiligerlee
Beerta
Nieuwolda
Wedde
Blijham

Infos

Papenburg 1

Die Stadt (34 000 Einw.), urspr. münstersche Grenzfestung (erste Erwähnung 1431), entstand ab 1631 nach niederländischem Muster als größte deutsche Fehnkolonie. Ein Kanal zur Ems ermöglichte den Schiffbau; mit der Meyer-Werft ist Papenburg einer der führenden Werft-Standorte der westlichen Welt.

Sehenswert: Heimatmuseum (März–Nov. Di.–So. 14.00–17.30 Uhr) und das **Schifffahrts-Freilichtmuseum** mit nach Originalplänen nachgebauten alten Papenburger Schiffen. Die Brigg **›Friederike‹** vor dem Rathaus ist Infozentrum und Gästetreff (tgl. geöffnet). Im **Fehnmuseum** ›Von Velen‹ Geschichte der Moorkolonien (April–Okt. tgl. 9.00–18.00 Uhr), auf **Gut Altenkamp** kunstgeschichtl. Sammlungen (Mai–Okt. tgl. 10.00–17.00 Uhr). Die hochmoderne **Meyer-Werft** besucht man im Rahmen von Führungen (April–Okt. tgl. 15.00 Uhr).

ⓘ Tourist-Information, Ölmühlenweg, 26871 Papenburg, Tel. 04961/83960, Fax 04961/ 839696, www.papenburg-tourismus.de

Weener 2

Als ›Wenre‹ wurde der Ort (15 000 Einw.) an der Ems 951 erstmalig erwähnt. Im 16. Jh. erlangte er Bedeutung als Segelschiffhafen, die jedoch nach 1900 verloren ging.

Sehenswert das **Heimatmuseum** von 1791 mit großer Bibliothek (Di., Sa. und So. 15.00 bis 18.00 Uhr), die **Georgskirche** von 1230 mit Schnitger-Orgel von 1710 und die Skulptur ›Törfwieven‹ am Alten Hafen. Für die Teilnahme an den ›Teeseminaren‹ im **Stadthuske** gibt es ein richtiges Diplom.

ⓘ Tourist-Information, Norderstraße 18, 26826 Weener, Tel. 04951/912016, Fax 04951/ 8613, www.weener.de

Leer 3

Friesenapostel Liudger gründete Ende des 8. Jh. am Zusammenfluss von Ems und Leda Ostfrieslands erste Kirche. Um 850 erste Erwähnung des Orts ›Lare‹; 1508 Marktrecht, jedoch erst 1823 Stadtstatus. Heute zählt Leer ca. 33 000 Einw.

Sehenswert ist die gesamte, 45 ha große **Altstadt** aus dem 17. und 18. Jh. Das **Waage-Gebäude** (1714) am Uferplatz (›An't Över‹) ist ein Juwel im sachlich-strengen niederländischen Barock. Gleich dahinter das Rathaus (1894) und das **Heimatmuseum** mit Exponaten zur ostfriesischen Wohnkultur und zum Schifffahrtswesen (Di.–Fr. 10.00–17.00, So. 11.00–12.30 Uhr). **Haus Samson** von 1643 hat einen berühmten Weinkeller. Das **Wasserschloss Evenburg** (1650, Umbau 19. Jh.) besitzt einen schönen Park, die **Haneburg** (17. Jh.) mit Rittersaal kann man nach Voranmeldung (Tel. 0491/9261264) besichtigen.

Veranstaltungen: Ostfrieslandschau (gerade Jahre) und **Gallimarkt** (›Oktoberfest Ostfrieslands‹), beide im Okt.).

ⓘ Verkehrsbüro, Rathausstraße 1, 26789 Leer, Tel. 0491/9782500, Fax 0491/9782511, www.stadt-leer.de

Jemgum 4

Der beschauliche Ort an der Ems ging aus einer Siedlung der späten Bronzezeit (7.–5. Jh. v. Chr.) hervor.

Sehenswert: Während des Spanisch-Niederländischen Kriegs machte Herzog Alba 1568 im **›Alba-Haus‹** Station, ein Höhepunkt der Ortsgeschichte. Neben der **Kreuzkirche** (1846/1847) besucht man fünf alte **Windmühlen**.

Veranstaltungen: Kreierrennen (Schlickschlitten) im Dollart und **Müggenmarkt** (Aug.).

ⓘ Verkehrsverein Ems-Dollart, Am Hafen 1, 26844 Jemgum-Ditzum, Tel. 04902/ 912000, Fax 04902/912001, www.jemgum-info.de

Emden 5

Um 800 als ›Amuthon‹ gegründet; ab 1464 Erweiterung des Seehafens und wirtschaftliche Blüte im 16./17. Jh. 1944 sank die Stadt in Schutt und Asche. Heute ist Emden (51 000 Einw.) das wirtschaftliche und kulturelle Zentrum der Region.

Sehenswert: Rathaus (Rekonstruktion des Originals von 1576, Di.–So. 10.00–17.00 Uhr) mit Landesmuseum und Rüstkammer (Waffen und Rüstungen 16.–17. Jh.; tgl. 10.00 bis 17.00 Uhr, im Winter Mo. geschl.). Das **Pelzerhaus** (um 1585; Di.–So.) überstand den Weltkrieg. Die **Kunsthalle** zeigt Malerei aller Epochen und Wechselausstellungen (Di. 10.00–20.00, Mi.–Fr. 10.00–17.00, Sa. und So. 11.00–17.00 Uhr, Führung So. 11.30 Uhr), die **Johannes-A.-Lasco-Bibliothek** Raritäten aus der Gutenberg-Zeit (Di. und Do. 11.00 bis 17.00, Mi., Fr., Sa. 11.00–14.30, 14.30 bis 17.00, So. 14.00–17.00 Uhr). Im Hafenbecken Ratsdelft liegen das **Museumsfeuerschiff** ›Amrumbank‹ mit Restaurant und maritimem Trauzimmer, der **Rettungskreuzer** ›Georg Breusing‹ und der **Museumslogger** ›Stadt Emden‹. Dort ist auch das Hafentor von 1653. **›Dat Otto Huus‹** widmet sich Otto Waalkes (Mo.–Sa., Sommer auch So.). Am Bahnhof steht eine **Dampflok** von 1943.

Umgebung: An der **Knock** (12 km westl.) steht ein Denkmal Friedrichs des Großen, der sich um den Deichbau verdient gemacht hat, als das Land preußisch war.

Veranstaltung: Matjestage (Ende Mai).

ⓘ Tourist-Information, Alter Markt 2 a, 26703 Emden, Tel. 04921/97400, Fax 04921/97409, www.emden.de

Krummhörn (Pewsum) 6

19 Gemeinden bilden ›Krummhörn‹; in der Mitte liegt das alte Dorf Pewsum.

Sehenswert ist die **Manninga-Burg** (1458) mit einem Museum, das einen guten Einblick in die regionale Geschichte gibt (tgl. Mai bis Okt.). Um die Krummhörn wirklich kennen zu lernen, sollte man eine ausgedehntere Tour über die Dörfer machen. Höhepunkte (im Wortsinn) sind dort überall die **Kirchen**, die zumeist aus dem 12. bis 14. Jh. stammen und manches Kleinod enthalten – in Eilsum ein über 500 Jahre altes **Taufbecken**, im idyllischen Rysum die älteste spielbare Orgel (1457) Europas oder in Loquard der Altarschrein von 1520. Außerdem nicht versäumen: Grimersums **Beninga-Burg**, **Groothusens Osterburg** (beide 15. Jh.; n. Vereinb.) und die **Sarkophage** von Jennelt. ›Deutschlands tiefsten Punkt‹, so zumindest das Selbstverständnis vor Ort, findet man in Freepsum, handgemachten Käse und den rotgelb geringelten **Leuchtturm**, ein Wahrzeichen Ostfrieslands, in Pilsum. Und in Campen den 65 m hohen Leucht- und **Aussichtsturm**, von dem man alles überblickt.

Veranstaltung: Schlickschlittenrennen im Juli in Pilsum.

ⓘ siehe Greetsiel.

Greetsiel 7

1388 fand der Greetsieler Hafen erste Erwähnung. 1464–1744 war der Ort Stammsitz des einst einflussreichen Cirksena-Clans.

Sehenswert ist der **alte Ortskern**, außerdem die Häuserzeile am Hafen (17. Jh.) mit Sieltor von 1798. Interessant auch das **Buddelschiffmuseum** (April–Okt. tgl. 10.00–17.00 Uhr), das **Bäckereimuseum** (Mi.–Mo. 11.00 bis 19.00 Uhr) und das **Nationalparkhaus** mit der Ausstellung ›Fauna und Flora des Küstenbereichs‹ (April–Okt. Di.–Fr. 10.00–13.00 und 14.00–18.00, Sa. und So. 14.00–18.00 Uhr). Am Ortsrand stehen die fotogenen Greetsieler **›Zwillingsmühlen‹**.

ⓘ Touristik GmbH, Zur Hauener Hooge 15, 26736 Krummhörn-Greetsiel, Tel. 04926/91880, Fax 04926/2029, www.greetsiel.de

Maßstab 1:200.000 (0 2 4 6 8 10 km)

Die schönen Schwestern

Sie sind keine Überreste eines ehemaligen Festlandssockels, sondern einstiger Meeresboden. Sandkorn für Sandkorn krochen sie aus der Nordsee empor, wurden zu schütteren Wällen, letztlich zu soliden Eilanden. Heute weisen die Ostfriesischen Inseln Strände auf, die keinen internationalen Vergleich zu scheuen brauchen. Und ›Ökologie‹ ist längst kein Fremdwort mehr auf ihnen; die insulare Umwelt bietet sich sauberer dar denn je.

Die Badekarre, zu prüderen Zeiten noch unverzichtbar, ist heute auf Borkum ein geliebtbelächeltes Unikum.

▲ *Altes Gemäuer: Nordener Ludgerikirche von 1445*

▼ *Der ›Rummel‹ im Nordener Teemuseum, einst Versammlungs- und Gerichtssaal*

▼ *Im Fischerei*

▲ ›Heuler‹-Fütterung in der Seehundaufzuchtstation Norddeich

▲ Beningaburg, eine der zwei Dornumer Burgen ▼ Fischereihafen Dornumersiel

Borkum ist Deutschlands westlichste Insel – aber nicht nur. Das Eiland dürfte auch die einzige Lokalität in unseren Breiten sein, die einen unmittelbar dem Griechischen entlehnten Namen trägt. So ganz sind sich die Fachleute zwar nicht darüber einig, aber womöglich lässt sich der Wortstamm Bork- auf die Vokabel ›bourkos‹ mit der Bedeutung ›Schlamm‹ zurückführen, während die Endung -um, häufig in Norddeutschland, für -heim steht.

SPECIAL

Norddeichs Kleinschiffbau

Evers Werft in Norddeich ist in mancher Hinsicht repräsentativ für das deutsche Schiffbauwesen. Hier legte der 1977 gestorbene Meister Klaas jede Menge Seefahrzeuge auf den Helgen, und nie hatte er sich zu Lebzeiten über leere Auftragsbücher zu beklagen gehabt. Auch ökologische Proteste wegen zu seichter Flüsse trübten seine Schaffensfreude nicht. Denn der Werkmann backte stets, bildlich gesprochen, kleine Brötchen. Manche seiner Neubauten, darunter eine komplette ›Titanic‹ samt Eisbergen, brachte er in Schnapsflaschen unter, andere kann man bewundernd in den Händen halten. Ein paar weitere Modelle – denn nichts anderes sind die Schiffe natürlich – haben schon imposantere Dimensionen, so eine 1,70 Meter lange ›Pamir‹. Heute können Besucher der nunmehr musealen Miniwerft allerlei Nostalgien frönen. Auch vielerorts sonst, sogar in den USA, trifft man auf Werke aus des Meisters Hand. Die schmucke Fregatte in der Kirche von Carolinensiel stammt ebenfalls von ihm. Es handelt sich um einen Nachbau – das Original von 1921 fiel, Gott sei's geklagt, 1970 einem Diebstahl zum Opfer.

Schlammheim also? Das klingt nicht unlogisch, denn das Schlickwatt dehnt sich endlos im Süden der Insel Borkum. Falls diese Theorie stimmt: Namensgeber kann nur der griechische Geograph Strabo gewesen sein, der die Nordseeküste um die Zeitenwende besucht und sich über den vielen ›bourkos‹ gewundert hatte. Alles dies ist, wie gesagt, nur Hypothese. Aber vielleicht möchte mal jemand an ihr arbeiten – Stoff für eine Doktorarbeit.

▲ *Attraktion im Borkumer Museum Dykhus: ein komplettes Pottwal-Skelett*

▲ *Langsam: Borkumer Inselbahn*

▼ *Alte Segler im Schifffahrtsmuseum*

▲ Klassischer Rundbau: Strandpavillon von Borkum ▼ Farbigkeit vor der Kurpromenade

Alliance für die Sicherheit

Auch wenn man es heute an der Küste nicht mehr so recht wahrhaben will: Das ›Strandjen‹, das Ausplündern gestrandeter und gesunkener Schiffe, war einst gang und gäbe und wurde als lukrativer Volkssport betrachtet. Was immer an ihren Stränden anlandete, sahen die Insulaner als ihr Eigentum an. Nur der Strandvogt pfuschte ihnen stets aufs Neue ins Handwerk. Zwar sanktionierte dieser verhasste Mann das Strandjen gewissermaßen und tat an vorderster Stelle dabei mit. Aber er vertrat den Landesfürsten, der den Löwenanteil des Bergeguts beanspruchte, und die Insulaner mussten sich oft mit Brosamen begnügen.

Über diesem Gezerre spielten die betroffenen Seeleute kaum eine Rolle. Wenn sie bei einem Schiffbruch Leib und Leben verloren, hatten sie eben Pech gehabt. So etwa auch, als der hannoversche Segler ›Alliance‹ am 10. September 1860 vor Borkum auf die Sände lief. Die Insulaner waren gleich derart mit dem Bergen von Strandgut beschäftigt, dass für die Rettung der neun Besatzungsmitglieder keine Gelegenheit blieb. Ein Kurgast, der das Geschehen beobachtet hatte, berichtete darüber empört in der Presse – und diese Veröffentlichung trug wesentlich zur Gründung der Deutschen Gesellschaft zur Rettung Schiffbrüchiger im Mai 1865 bei. Seither hat das ausnahmslos aus freiwilligen Spenden finanzierte Unternehmen über 50 000 Menschen gerettet und ist heute mit seinen seetüchtigen Kreuzern und mutigen Männern an allen strategischen Punkten der Nord- und Ostseeküste vertreten. Die Zentrale der DGzRS befindet sich in Bremen.

Cowboys, Hexen und Tsunamis

Im 17. Jahrhundert herrschte auf der heute so ruhigen Insel Juist munteres Treiben. Graf Enno III. von Ostfriesland besaß dort ein Pferdegestüt, mit bis zu hundert Rössern das größte seines Landes. Die Pferde waren wahrscheinlich ›Schiffbrüchige‹ von gesunkenen Kreuzfahrerkoggen; bereits 1530 wurden sie erwähnt.

Um die halb wilden Tiere zu fangen und zu zähmen, beschäftigte Graf Enno richtiggehende Cowboys. Und er war mit seinen Pferdeknechten offenbar sehr zufrieden,

▼ *Fertig zum Einsteigen: Strandsegler mit Buggy*

▲ *Traditionsreiche Architektur: das Neue Kurhaus von Juist*

▲ *Zwischen Hafen und Ortseingang: der alte Leuchtturm von Juist*

▲ *Service wird groß geschrieben: ›Weißer Saal‹ im Neuen Kurhaus von Juist*

▲ *Hier kann man Strandkörbe mieten* ▼ *Wachturm der Lebensretter am Juister Strand*

denn er gab ihnen, penibel vermerkt in ostfriesischen Annalen, schon mal ›eine Tonne Bier‹ für ihre Arbeit aus.

Anlässe zu Unzufriedenheit dürfte es im damaligen Juist aber auch gegeben haben. Was immer die Gründe gewesen sein mögen – die Schuldigen waren in Gestalt von Hexen schnell ausgemacht. So wurden anno 1590 drei Juister Frauen auf dem Scheiterhaufen verbrannt. Es sollte noch dauern, bis das sandige Eiland ab dem Jahr 1793 ein funktionelles und allseits bewundertes Sozialsystem besaß. Für diese Spätzündung waren vor allem gewaltige Rückschläge durch Sturmfluten verantwortlich. Die berüchtigte Weihnachtsflut von 1717 hatte turmhohe, mit Tsunamis vergleichbare Brechseen über Juist hinwegplatzen lassen und zerriss die Insel in mehrere Teile. Deshalb ist Juist heute das urwüchsigste Eiland des ostfriesischen Archipels – ein kleiner Geheimtipp, nebenbei bemerkt.

Literaten auf Inseltour

Einer, der sich sehr für die Nordseeinseln begeisterte und auf Borkum Stammgast wurde, war der Humorist Wilhelm Busch. Zwar verpasste ihm bereits auf der ersten Überfahrt eine seekranke Dame ›eine Art Pastetenfüllung ins Ohr‹, doch das tat Buschs Reiselust keinen Abbruch. Der Poet empfand, im Gegenteil, Genugtuung darüber, dass seinen Mitfahrerinnen im Nordseewind ›drei Hüte fort auf ewig‹ gingen. Und auf der Insel ließ er seine Dichtkunst so richtig los: ›Von einer Düne sieht man weit – das Meer ist voller Flüssigkeit.‹ Missbehagen bereitete ihm andererseits, dass Borkum durch massive Verbauung seinen dörflichen Charakter verlor. Im objektiven Rückblick muss aber zugegeben werden, dass man gerade auf Borkum vergleichsweise behutsam vorzugehen verstand.

Zwei weitere Literaten, Heinrich Heine und Theodor Fontane, waren dagegen Norderney-Fans. Dem Ersteren grollt man noch heute wegen mancherlei sarkastischer Bemerkungen über die Insulaner und ihre Gebräuche. Doch fand Heine auch lobende Worte. ›Die See war mein einziger Umgang – und ich habe nie einen besseren gehabt‹, schwärmte er und pries die unbeeilte Selbstversorgung der Norder-

▲ Norderney klassisch: Das Kurkonzert erfreut sich großer Beliebtheit

▲ Populäre Treffpunkte auf Norderney: das Café ›Marienhöhe‹, ... ▼ ... die Eisdielen und Kaffeegärten in der Ortsmitte ... ▲ ... und der Kurplatz

▼ *Einladung zu Farbaufnahmen: Norderneys Tonnenhof*

neyer gegenüber dem schon damals neurotischen Lebensstil der Städter. Damit machte er alles wieder gut, und einsichtsvolle Neuzeitler erkennen das durchaus an.

Theodor Fontane konnte sich die eine oder andere Spitze gleichfalls nicht verkneifen, indem er vieles als ›wenig elegant und verpreußt‹ beschrieb und sich sogar über frühes Fast Food ärgerte, dessen Geruch ›nach beweglichem Fett‹ ihm sauer aufstieß. Doch er reiste immerhin dreimal auf die Insel und zog letztlich eine positive Bilanz: ›Norderney ... gehört zu meinen angenehmen Erinnerungen.‹ Ganz ähnlich drücken sich heute auch die allermeisten Kurgäste aus.

Das Ende eines Muschelsaugers

Vorab: Ein ›Muschelsauger‹ ist kein Wattentier, sondern ein Fischereifahrzeug, und um ein solches handelt es sich hier auch. Im Dezember 1967 lief der Heringslogger ›Ministerialrat Streil‹ am Ostende von Norderney auf Strand und lag alsbald hoch und trocken. Der Eigner des Muschelsaugers ›Pionier‹ aus Bensersiel witterte ein Geschäft und brachte sein Fahrzeug in Position, um eine Rinne zu dem Havaristen auszubaggern. Leider geriet die ›Pionier‹ dabei selber unverrückbar ›auf Schiet‹. Während der ›Ministerialrat‹ im Frühjahr darauf freigeschleppt werden konnte, wurde der Helfer zum Totalverlust.

Viel ist von dem Wrack nicht mehr übrig. Die aus dem Sand ragenden Reste sind jedoch von Amateurmalern liebevoll verschönert worden, und der Rostklumpen gibt jetzt ein richtiges Kunstwerk ab. Viele Kurgäste pilgern deshalb zum Ostende hinaus, um in den Genuss dieses esoterischen Anblicks zu kommen. Gleich neben der ›Pionier‹ sonnen sich Scharen von Seehunden. Ein Drahtzaun trennt ihr Revier von dem der Esoteriker. Nicht hinüberklettern – die Seehunde tun's auch nicht!

Besuch bei Familie Robbe

Fast jeder Inselbesucher stellt als Erstes die Frage: Wo sind die Seehunde? Und möchte sie möglichst unverzüglich sehen. Dafür gibt es die gerade erwähnte Gelegenheit, die allerdings einen kilometerlangen Marsch voraussetzt. Wer es ein-

▲ Auch Salamander können fliegen: Drachen auf Norderney

▼ Guter Wegweiser: der alte Leuchtturm von Norderney in der Inselmitte

▲ Ökologisch unbedenkliches Vehikel am Norderneyer Weststrand

▲ Immer Betrieb: Norderneys Strandpromenade ▼ Weststrand-Gemütlichkeit, am Horizont Juist

facher möchte, klinkt sich am besten in eine ›Fahrt zu den Seehundbänken‹ ein, wie sie auf allen Inseln angeboten werden. Die Robben sind Besucher gewohnt und treten deshalb (fast) immer verlässlich in Erscheinung.

Wat ist wat im Watt?

Weniger niedlich und großäugig sind die zahllosen zumeist verborgenen Bewohner des Wattenmeeres. Obwohl die bei Ebbe trocken fallenden Schlick- und Sandflächen kaum Spuren bodenwärtigen Lebens zeigen, krabbelt und wuselt es unter ihrer Oberfläche wie selten sonst irgendwo auf Erden.

SPECIAL

Grünes Bubblegum

Mitunter macht es am Strand ›popp‹ unter dem Fuß, und wenn man sich dann hinabbeugt, entdeckt man ein grünes oder braun getrocknetes Gemüse. Es riecht stark nach See, und dorther stammt es auch. Auf Pfählen und Steinen im flachen Wasser bildet es ganze Teppiche, die im Rhythmus der Wellen mitschaukeln und dann recht kurios aussehen. Blasentang ist das, eine überaus häufige Pflanze in der Nordsee. ›Popp‹ machen die Blasen ebenfalls, wenn Kinder an ihnen herumkauen. Man spare sich jedoch die Entsetzensschreie. Das Meeresgummi führt zu keinerlei gesundheitlichen Schäden. Wahrscheinlich fördert es sogar die ›Wellness‹, denn es steckt voller Vitamine und Mineralstoffe.

In jedem Brocken Wattenboden, den man spielerisch beiseite kickt, mögen mehr als eine Million Kieselalgenzellen stecken. Klingt nach Stein, ist aber organisch. Und verzehrbar. Für die winzigen Krebstiere, die mit bis zu 40 000 Exemplaren einen einzigen Quadratmeter bevölkern, ist das die wahre Manna. Wattwürmer, deren Aktivität an den vielen Löchern im Watt und den markanten gekringelten Häufchen erkennbar ist, sind auf dieser Fläche bis zu fünfzigmal vertreten. Hinzu gesellen sich Muscheln, deren Gehäuse mancherorts ganze Bänke bilden. Man argwöhne dennoch nicht gleich, womöglich habe ein ›Muschelsterben‹ stattgefunden. Auch

▼ *Garantiert ungefährlich: Baltrumer Strandkrake* ▲ *Behagliches Ambiente: Inseldorf Baltrum* ▼ *Fischers Fritz fischt frische Krebse*

▲ Und jetzt alle: Strandgymnastik ▼ Auf Baltrum ist man schnell heimisch: Abschied

Schaltiere müssen irgendwann aus dem Leben scheiden, und das Gehäuse bleibt dann zurück, mitunter für Jahrtausende.

Der Kampf ums Überleben im Wattenmeer ist jedoch hart. Weniger, weil einer den anderen frisst, das ist seit Ewigkeiten der ganz normale Gang der Dinge. Es sind menschengemachte Schweinereien, die das Leben im Watt existenziell bedrohen: chemische Gifte, Öl, Düngemittel, klammheimlich und dennoch vieltonnenschwer ›eingetragen‹ – so die hübsche Umschreibung. Zugegeben, vieles hat sich in den letzten Jahren gebessert, insbesondere durch die Schaffung des Nationalparks Niedersächsisches Wattenmeer im Jahre 1986. Doch selbst gegen diese ›grüne‹ Oase wettern Kritiker an der Küste an. Dabei ist die Formel doch ganz einfach: keine heile Natur, keine Kurgäste.

Ein flatterhaftes Völkchen

Das Wattenmeer mit seinem enormen Reichtum an Kleingetier, zu dem auch die Larven vieler Fischarten zu zählen sind, ist für die Vogelwelt eine gigantische Futterkrippe. Wer sich für die Beobachtung der Avifauna begeistern kann, wird auf der Wattenseite der Inseln sein Dorado finden.

Die erste Begegnung wird wahrscheinlich mit Silbermöwen sein, die jeglichen Respekt vor den Menschen verloren haben und ihnen sogar die Wurststulle aus der Hand schnappen. Junge Exemplare sind übrigens nicht ›silbern‹, sondern braungrau mit dunklem Schnabel. Dieser wird, ebenso wie das Auge, erst im vierten Jahr gelb und das Federkleid hell. Lachmöwen ziehen im Sommer eine dunkle Maske über den Kopf.

Bemerkenswert sind auch die Austernfischer mit ihren langen, roten Schnäbeln und den auffordernden ›Kiwitt‹-Rufen. Rotschenkel erinnern im Kleinen an Badegäste mit Sonnenbrand. Strandläufer sind die Zwerge, die – erraten! – am Strand immer vor einem herlaufen. Und der Große Brachvogel ist wirklich nicht klein und tunkt seinen säbelartig gebogenen Schnabel tief in die Wattensoße, um Leckeres zu Tage zu fördern. Mit diesem würdigen Vertreter soll die Auflistung hier enden. Dabei hat man allein auf Norderney 95 Arten von Brutvögeln gezählt.

OSTFRIESISCHE INSELN
Borkum
Juist
Norderney
Baltrum
Langeoog
NORDERNEY
Borkum
Memmert
Nationalpark
Niedersächsisches
Wattenmeer
Norderland
NORDEN
Hage
Marienhafe
Norddeich
Westland
Ostland
Hoge Hörn
Nordstrand
Südstrand
Museumsbahn
Randzel
Randzelgat
Alte Ems
Mövensteert
Osterems
Lütje Hörn
Kachelotplate
Haaksdünen
Norddünen
Juister Watt
Nordland
Mittelsand
Itzendorfplate
Koper-
sand
Hamburger Sand
Ley
Leybucht
Leysand
Schweinsrücken
Hohes Riff
Riffgat
Busetief
Norderneyer Inselwatt
Nordstrand
Weiße Düne
Rattendüne
Wichter Ee
Accumer Ee
Steinplate
Dornumer Watt
Neiderplate
Neßmer Watt
Hilgenriedel Watt
Ostermarscher Watt
Dornum
Dornumersiel
Neßmersiel
Hagermarsch
Nesse
Westerholt
Großheide
Berum
Lütetsburg
Leezdorf
Osteel
Rechtsupweg
Greetsiel
Upgant-Schott
Plaggenburg
Grüne Küstenstraße
58
72
28
20

Infos

Norden · Norddeich 1

Ostfrieslands älteste Stadt (27 000 Einw.) geht auf die Karolingerzeit zurück, Stadtrecht erhielt sie im 13. Jh. Der Hafenort (mit Bahnanbindung) war auch durch die 1998 geschlossene Seefunkstation ›Norddeich Radio‹ bekannt.

Sehenswert ist in Norden die **Ludgeri-Kirche** (1445) mit Grabmal Unico Manningas und Barockorgel von Arp Schnitger. Außerdem das **Schöningh'sche Haus** (1576), die **Mennonitenkirche** (1622) und das **Heimatmuseum** (März–Okt. Di.–So. 10.00–16.00 Uhr) im Rathaus (16. Jh.); daneben befindet sich das **Teemuseum** (Di.–So. 10.00–16.00 Uhr). TOP ZIEL In Norddeich **Nationalparkhaus** mit Seehundstation (tgl. 10.00–17.00 Uhr) und **Schiffsmodellwerft** Evers (Mai–Okt. Mo. bis Fr. 14.30–18.00 Uhr).

ⓘ Tourist-Information, Dörper Weg 22, 26506 Norden-Norddeich, Tel. 04931/986200, Fax 04931/986290, www.norden.de

Dornum · Dornumersiel 2

In dem knapp 1000-jährigen, idyllischen Ort zeugen Norder- und Beningaburg (beide um 1400) sowie die Bartholomäus-Kirche (um 1270) mit Häuptlings-Sarkophagen im Grabkeller von früherem Ruhm. Am Ortsrand stehen eine Bockwindmühle von 1626 und ein Nationalparkhaus.

Veranstaltung: (Ende Juli/Anf. Aug. wird das **Strandfest** mit Kutterkorso gefeiert.

ⓘ Kurverwaltung, Hafenstraße 3, 26553 Dornumersiel, Tel. 04933/91110, Fax 04933/911115, www.dornumersiel.de

Borkum 3

Mit 31 km² ist Borkum (6000 Einw.) größte ostfriesische Insel. Wikinger, Kreuzfahrer und Vitalienbrüder (Seeräuber) machten Station auf ihr. Ab dem frühen 17. Jh. war der Walfang dominierend; der dadurch erworbene Reichtum verflüchtigte sich jedoch schon im 18. Jh., als der Wal immer seltener wurde. Danach wurde der Badebetrieb (um 1830) zur Haupterwerbsquelle. Borkum gehört zu den populärsten Urlaubsinseln Deutschlands.

Anreise: Fähren (gezeitenunabhängig) von **Emden** und **Eemshaven** (NL); Flugplatz. Autos sind (unter stark einschränkenden Auflagen) zugelassen.

Sehenswert: Borkums **neuer Leuchtturm** (von 1879) steht 60,3 m hoch mitten im Ort (Hauptsaison tgl. besteigbar, sonst nach Vereinb. mit der Kurverwaltung). Im 45 m hohen **alten Leuchtturm** (von 1576; Mo., Mi. und Sa. 10.30–11.30 Uhr) kann man die Ehe schließen. Das **Heimatmuseum Dykhus** bietet eine Fülle lokalhistorischer und naturkundlicher Exponate, darunter ein Walskelett (Hauptsaison Di.–So. 10.00–12.00 und 16.00 bis 18.00 Uhr). TOP ZIEL Im **Nordseeaquarium** leben Fische, Krebse, Muscheln (März–Okt. tgl. 10.00–12.00 und 14.00–17.00 Uhr). Im Ort Zäune aus Walknochen. Das **Museumsfeuerschiff** ›Borkumriff‹ im Schutzhafen dient als Nationalpark-Infozentrum (Hauptsaison Di.–So.).

Aktivitäten: Die Insel ist ideal für **Radfahrer** (130 km Radwege). **Kutterfahrten** zeigen Fisch- und Granatfang. Kleine **Seereisen** führen nach Juist, Norderney, Helgoland und Ameland (NL).

Veranstaltungen: Straßenfest am Leuchtturm (Juni), **Hafenfeste** (Sommer), **Strandfest** (Aug.) und **Drachenfestival** (Sept.).

ⓘ Kurverwaltung, Goethestraße 1, 26757 Borkum, Tel. 04922/9330, Fax 04922/480, www.borkum.de

Juist 4

›Güst‹ bedeutet ›unfruchtbar‹ auf Plattdeutsch. Tatsächlich gibt es jede Menge Sand, genau das Richtige für Strandliebhaber. 1398 erste Erwähnung der Insel (16 km², 1740 Einw.). Nach wiederholten schweren Schäden durch Sturmfluten wurde Juist 1840 Seebad.

Anreise: Fähre (gezeitenabhängig) ab **Norddeich**. Juist ist autofrei.

Sehenswert ist das **Küstenmuseum** mit Einblicken in die Inselgeschichte und den Werdegang der Nordseeküste (Mai–Sept. Mo.–Fr. 9.00–12.00 und 14.30–18.00, Sa. 9.00 bis 12.00 Uhr). Das **Nationalparkhaus** (April bis Okt. Di.–Fr. 9.30–12.30 und 15.00–18.00, Sa. und So. 15.00–18.00 Uhr) bietet Vielseitiges zum Thema Nordseenatur. Intakte Natur ist noch am **Hammersee** und an der Ostspitze **Kalfamer** zu finden.

Aktivitäten: Strandsegeln ist eine Juister Spezialität. **Schiffsausflüge** führen zu den Nachbarinseln (einschl. Memmert, jedoch ohne Anlandung) und Helgoland; geboten werden **Kutterfahrten** mit und ohne Angeln.

Umgebung: Die Vogelinsel **Memmert** südw. darf nur mit Genehmigung der Nationalparkverwaltung betreten werden.

ⓘ Kurverwaltung, Friesenstraße 18, 26571 Juist, Tel. 04935/8090, Fax 04935/809223, www.juist.de

Norderney 5

Die Jüngste der sieben Ostfriesinnen (26 km², 6500 Einw.) entstand erst im 16. Jh. 1797 wurde Norderney Deutschlands erstes Inselseebad und Treff der Vornehmen. In der ersten Hälfte des 19. Jh. setzte ein regelrechter Boom ein; noch heute buhlt Norderney (wie auch Sylt) um den Ehrentitel ›Königin der Nordsee‹.

Anreise: Fähre (gezeitenunabhängig) und Flieger ab **Norddeich**. Autofrei ist Norderney zwar nicht; der Verkehr unterliegt jedoch Einschränkungen.

Sehenswürdigkeiten: Das **Heimatmuseum** ›Altes Fischerhaus im Argonnerwäldchen‹ zeigt in einem Gebäude von 1803 einen Querschnitt durch das Inselleben in alter Zeit (Mai–Sept. Mo.–Sa. 15.00–17.00, So. 10.00 bis 12.00 Uhr). Außerdem **Rettungsbootsmuseum** (März–Okt., Öffnungszeiten bei der Kurverwaltung) und **Denkmal für Kaiser Wilhelm I.** aus 100 t Felsquadern aus allen deutschen Landen mit eingemeißelten Städtenamen. Der **alte Leuchtturm** von 1874 (53,6 m) ist besteigbar (Mai–Mitte Okt. tgl. 14.00–16.00, Juli und Aug. bis 17.00 Uhr). Die **Windmühle** ›Selden Rüst‹ von 1862 ist heute Restaurant. Der **Tonnenhof** (beim Hafen) bietet bunte Fotomotive. Im **Nationalparkhaus** Nordsee-Infos, im Kurviertel Theater, Konzerte und andere Unterhaltung.

Aktivitäten: Schwimmen am Strand und in großen Frei- und Brandungsbädern. **Windsurfen** (Schule), **Strandsegeln** und **Segeln** (Schule, Regatta im Aug.). **Ausflugsfahrten** zu den Nachbarinseln und Helgoland.

Veranstaltungen: Windsurfcup (Juni), **Drachenfest** und **Jagdreiterwoche** (Sept.) sind nur ein Teil des Programms; im Sommer **Sinfoniekonzerte** im Kurpark.

ⓘ Kurverwaltung, Weststrandstraße 2, 26548 Norderney, Tel. 04932/8910, Fax 04932/891112,www.norderney.de

Baltrum 6

Noch im 14. Jh. war die heute 6,5 km² umfassende Insel (520 Einw.) weitaus größer. Massive Landverluste gab es 1717 und 1825. Erst 1876 setzte der Badebetrieb zögernd ein; wegen des späten Starts wird das ruhige Eiland auch die ›Dornröscheninsel‹ genannt.

Anreise: Fährhafen (gezeitenabhängig) ist **Neßmersiel**. Autos gibt es gar nicht, selbst Fahrräder erscheinen fehl am Platz und sollten auch nicht mitgebracht werden.

Sehenswert sind ein paar alte **Fischerhäuser** und die winzige **Inselkirche**; vor ihr eine alte am Strand gefundene Schiffsglocke niederländischer Herkunft, die zum Inselwahrzeichen wurde. Im **Nordseehaus** Infos zum Nationalpark Wattenmeer.

ⓘ Kurverwaltung, Rathaus, 26579 Baltrum, Tel. 04939/800, Fax 04939/8027, www.baltrum.de

Maßstab 1:200.000 — 0 2 4 6 8 10km

Die Langsamkeit entdeckt

Auf den östlichen ›Oogs‹ – was Friesisch ist und ›Inseln‹ bedeutet –, auf der ›Langen Insel‹, der ›Speicher-Insel‹ und der ›Ebenen Insel‹ also, hat die Eile Weile. Langeoog sperrt seinen Ortskern im Sommer selbst für Fahrräder. Spiekeroog, einzige Ostfrieseninsel ohne Flugplatz, ersucht Gäste, sogar das Zweirad zu Hause zu lassen. Wangerooge, die ›Ebene‹, ist in etwa ein Mischprodukt der beiden Nachbarinnen. Summa summarum: schöne, sichere, saubere Sandkisten für Kinder, ganz kleine bis ganz große.

Er hat gut lachen: Feuerrote Lok und krisenfester Job bei der Inselbahn Langeoog.

▲ *Von Bensersiel – hier der immer gut belegte Jachthafen – geht es nach Langeoog*

▼ *Oldtimer in der Morgenstunde: Carolinensiel*

▲ Nichts zu tun für das ›Search-and-Rescue‹-Team: Sommertag in Neuharlingersiel

▲ Neuharlingersiel: Die ›Titanic‹ sinkt auch in der Buddel

▼ Seemannskneipe in Carolinensiel

Wenn in diesem Kapitel wiederholt ›wanderfreudige Ostfriesinnen‹ zur Erwähnung kommen, so darf das nicht dahingehend interpretiert werden, dass man mit einer der drei genannten Inseln auf große Fahrt geht. Über die Jahre gesehen haben die Eilande allerdings beträchtliche Touren gemacht, und östlich von Wangerooge muss noch heute ständig gewerkelt werden, damit das ganze schöne Land nicht in die Jade schlittert. Und Langeoog ist dermaßen um seinen Strand besorgt, dass man dort selbst den Burgenbau zu reglementieren versucht hat.

Witz oder Schildbürgerstreich?

Als Langeoog im März 1998 eine ›Sandburgenverordnung‹ erließ, standen die Telefone im Inselrathaus nicht mehr still. Journalisten wollten wissen, ob es wahr sei, dass auf Langeoog Sandkastelle bei Androhung herber Bußen nicht mehr als fünf Meter im Durchmesser und 50 Zentimeter hoch sein durften. Es war wahr. Allerdings, so die Verantwortlichen, handele es sich dabei nur um Richtwerte, die doch nicht so ernst zu nehmen seien. Zu spät – ganz Deutschland lachte über die Posse.

Die Insulaner allerdings auch, und zuletzt und am besten. Denn der Name Langeoog war höchst publicity-trächtig plötzlich in aller Munde. Ihren nächsten Schildbürgerstreich, nämlich die Anpreisung ihrer golfplatzlosen Insel als Golfparadies, haben die Langeooger inzwischen wieder gutgemacht. Es ist ihnen nämlich gelungen, eine entsprechende Greenanlage zu bauen, zwar nur mit sechs Löchern, aber immerhin. Präsident ist der sympathische Kunstmaler Anselm Prester, bei dem man gleichzeitig das Pinseln lernen kann.

Immer am Strand lang

Langeoog von einem Ende zum anderen, vom Flinthörn im Südwesten bis zur Schutzhütte am Ostende zu erwandern, das ist eine ganz hübsche Tour. Man kann die gesamte Strecke, etwa 18 Kilometer, unmittelbar am Spülsaum entlang spazieren, sollte jedoch ein wenig auf die Gezeiten achten. Bei Hochwasser muss man

▲ *In der Inselkirche Langeoog: Man trete näher, um das Altarbild zu betrachten*

▲ *Auf dem Trockenen: Langeoog* ▼ *Nelson als Büste im Schifffahrtsmuseum*

▲ *Das Fahrwasser nach Langeoog muss ständig ausgebaggert werden*

▼ Kein Leuchtturm: Langeoogs Wahrzeichen ist der alte Wasserturm

nämlich in weichem Sand umherwaten, was außerordentlich mühsam ist. Auch empfiehlt es sich, auf dem Rückweg an einer Kutschtour teilzunehmen, sonst summieren sich die Wanderkilometer fühlbar.

SPECIAL

Langeoogs Frittenwrack

Was ist ein Frittenwrack? Ein Seeschiff, das mit einer Ladung Pommes auf die Riffe geht, könnte man mutmaßen. Doch der Segler ›Aurora‹, der 1895 auf Langeoog strandete, erlitt ein ganz anderes Schicksal. Und dass sich die Havarie überhaupt zutrug, war seltsam, denn mit etwas guter Seemannschaft hätte sie durchaus vermieden werden können. Wie dem auch sei: Die ›Aurora‹ lag plötzlich hoch oben auf dem Langeooger Strand, und eine weitere Sturmflut spülte sie bis in die Dünen. Da das Schiff erstaunlich wenig Schaden genommen hatte, kamen ein paar Langeooger auf die glorreiche Idee, ein Restaurant daraus zu machen. Gesagt, getan, und alsbald war die Bordküche der ›Aurora‹ vor allem für ihre vorzüglichen Kartoffelpuffer, gemeinhin ›Fritten‹ genannt, bekannt, und das Geschäft brummte. Leider nur bis zum Sommer 1901, als eine neuerliche heftige Sturmflut das Wrack nun doch zu Kleinholz schlug. Doch selbst da war die ›Aurora‹ nicht am Ende: Noch heute steckt Holz aus dem langlebigen Segler in den Giebeln alter Häuser auf Langeoog und dem Festland.

Weshalb aber überhaupt solche Plackerei auf sich nehmen, mag sich manch einer fragen. Gibt es auf den 18 Kilometern nicht überall dasselbe zu sehen, nämlich Sand, Sand und nochmals Sand? Eigentlich schon. Doch Wind und Wellen formen aus dem körnigen Grundstoff stets neue Gebilde, mitunter im kleinsten Maßstab. Panta rhei – alles fließt am Strand, ständig ändert sich die Topografie.Womöglich dringt diese nie endende Bewegung ja bis in den Hinterkopf des Strandläufers vor und hält sein subjektives Empfinden auf permanentem Trab. Trägt diese ›passive Aktivität‹ vielleicht dazu bei, dass man sich nach einem Tag am Strand so enorm ›gut drauf‹ fühlt?

▲ *Immer hart am Ball, die Damen: Strandsport auf Langeoog*

▲ *Welche Kugel hat gewonnen? Boule am Strand von Langeoog*

▲ *Junge Krieger auf der Pirsch vor Spiekeroog*

▼ *Viel Platz am Nordstrand von Spiekeroog*

▲ ›Das Meer ist voller Flüssigkeit‹, so Wilhelm Busch

▼ Hauptquartier: Langeoogs Baywatch

Das ist Wachstum!

Vor entwicklungshistorisch wenigen Jahren, um 1860, war die Insel Spiekeroog gerade mal sechs Kilometer lang, entsprach also ungefähr dem heutigen Baltrum. Dann, die Eindeichung der Harle-Bucht am gegenüberliegenden Festland ging in die Endphase, kam es zu Verschiebungen im Strömungsverlauf. Spiekeroog geriet ins Wachsen wie ein Pilz nach dem Regen. An der relativen Lagestabilität, die das Eiland schon immer auszeichnete, änderte sich wenig. Im Osten aber begann die Insel massiv Substanz anzubauen und wurde immer länger und dicker.

SPECIAL

Wikinger auf Spiekeroog

So viel sei gleich klargestellt: Bei Spiekeroogs Wikingern ist von Pferden und nicht etwa von Nachkommen normannischer Freibeuter die Rede. Die Rösser heißen so, weil ihr Stammbaum im hohen Norden steht: in Island. Und sie sind insofern ein wenig fehlbenannt, als es sich um ausgesprochen zahme Kreaturen handelt. Bezug zum Meer (außer dem insularen) haben die Rösser aber ebenfalls. Sie logieren zünftig in einem Rettungsschuppen (Ostfrieslands ältestem), in dem einst Boote untergebracht waren, und sie hören, nicht minder zünftig, auf isländische Namen: Bjatla, Fala, Gritti, Hofsi, Sörli, Toppur und etwa 25 mehr. Und was macht Pferde wie Fala (›Riesenfrau‹) so speziell? Die den Isländern eigene gemütliche Gangart – es ist fast unmöglich, von ihnen herunterzufallen. Deshalb passen die vor allem beim Jungreitervolk enorm beliebten Wikinger auch auf die gemütliche Insel Spiekeroog wie der Deckel auf den Topf.

Dieser Wachstumsvorgang setzt sich unverdrossen fort: Spiekeroog ist heute fast doppelt so lang wie 1860. Und bietet Forschern an seinem Ostende ein großartiges Laboratorium für Beobachtungen, wie sich Fauna und Flora auf neu entstandenem Land entwickeln. Aber auch der nicht wissenschaftlich befrachtete Naturliebhaber profitiert: Der Ostzipfel kann nämlich von der Wasserlinie aus (zu gewissen Jahreszeiten) begangen werden, und Vogelfreunden eröffnet sich dort ein faszinierendes Feld gefiederten Artenreichtums.

▲ *Gänzlich unfriesisch: das Innere der alten Inselkirche von Spiekeroog*

▲ *Spiekeroogs alte Grabsteine faszinieren*

▼ *Grün und Weiß, die Spiekerooger Farben: Haus im Ort*

▲ ›Teetied‹ auf Spiekeroog ▼ Grüne Insel: Auf Spiekeroog gedeiht alles ein bisschen kräftiger

Die ›Goldene Linie‹

Um das Jeverland und die ihm vorgelagerte Insel Wangerooge spielten Ostfriesland und Oldenburg lange Monopoly. Obwohl die Region 1575 an die letztere Grafschaft fiel, setzte sich das Hin und Her noch viele Jahre fort. 1666 kam es zu einem endgültigen Vergleich zu Gunsten des Oldenburg verbundenen Hauses Anhalt-Zerbst. Und die Grenze wurde peinlich genau festgelegt: Zwischen Spiekeroog und Wangerooge sollte sie einen exakt mittigen Verlauf nehmen. Man brachte ein raffiniertes Vermessungssystem zum Einsatz, dessen Ergebnisse im Folgejahr in Kartenform niedergelegt wurden. Da es sich um einen historisch bedeutsamen Vorgang handelte, trug man die Grenze in blankem Gold ein. Hinfort hieß sie die ›Goldene Linie‹, und sie sollte ›für ewig und immerdar‹ gelten.

Allerdings, an die ständige Ostwanderung der Eilande hatte man nicht gedacht. So kam es, als die Insel Spiekeroog besonders fix zu marschieren begann, dass die Demarkation schließlich durch deren Ostteil führte. Heute ist es eh egal. Aber die ›Goldene Linie‹ hatte den Nebeneffekt, dass die Wangerooger ›für ewig und immerdar‹ eisern darauf pochen, als Oldenburger bezeichnet zu werden. Und keinesfalls als Ost- oder andere Friesen.

Der kuriose Westturm

Die Sicherung der Schifffahrt mit Hilfe von Seezeichen war schon zu einem frühen Datum für jedermann im Bereich der gefährlichen Weseransteuerung ein wichtiges Anliegen. Diese Funktion erfüllte der dem heiligen Nikolaus, dem Schutzpatron der Seefahrer, geweihte alte Kirchturm von Wangerooge verlässlich. Doch das Westende der Insel wurde von der See immer stärker abgetragen, und 1595 lag der Turm in den Fluten. Ein neuer Wärter musste her. Um auf Nummer sicher zu sein, baute man diesen, 1597 beginnend, ganz im Inselosten. 1602 war er fertig. Wechselnde russische, niederländische und französische Regentschaften konnten ihm nichts anhaben, doch 1859 gab es einen Anlass, mitten auf der Insel einen neuen Turm zu mauern: Der alte stand schon wieder fast auf dem Westende. Wangerooge, bewegungsfreudigstes Eiland des ostfriesischen Archipels,

▲ *Wind- und Zeitanzeiger: Hier geht es zum Badestrand von Wangerooge*

▼ *Am Bahnhof von Wangerooge: Die alte Lok und der Leuchtturm sind Museum*

▼ *Jedem Seeräuber sein Versteck: Zeit zum Lesen auf Wangerooge*

▲ Schöne Ankunft: Wangerooges Inselbahn vor dem Westturm ▼ Der Neue von Wangerooge

war zur Gänze unter ihm hinweggewandert. 1914 kam ein Stratege dann auf die Idee, der ›Westturm‹ – wie er jetzt hieß – könnte dem englischen Feind den Weg nach Wilhelmshaven weisen. Das ehrwürdige Gemäuer wurde gesprengt. 1933 baute man das Inselwahrzeichen in der Nähe der Sprengstätte wieder auf und siedelte die Jugendherberge darin an. Diese Funktion hat der 56 Meter hohe Turm heute noch; denn den zweiten Krieg überstand er glücklich.

SPECIAL

Gibt es Haie in der Nordsee?

Die Frage nach der Gefährlichkeit von Haien gewinnt jedesmal an Aktualität, wenn ein entsprechender Unfall aus Australien oder Südafrika gemeldet wird. Im Aquarium von Langeoog tummeln sich, sehr sichtbar, auch Haie – Nordseehaie! Zwar kleine, aber kleine Fische können ja zu großen heranwachsen. In der Tat sind mehrere Hai-Arten in der Nordsee vertreten: Fuchs-, Glatt-, Herings-, Hunds- und Katzenhai, und Winzlinge kann man sie gewiss nicht nennen: Der Hundshai erreicht stattliche zwei Meter Länge. Aber schon die Namen klingen kaum bedrohlich, und das gilt, Neptun sei Dank, auch für ihre Träger. Hundshai und Artgenossen beißen den Menschen viel seltener als der Hund. Nämlich nie.

Die ganz kleinen Ostfriesinnen

Streng geografisch besehen gehören sie noch zum ostfriesischen Archipel. Jedenfalls stammt ihre Substanz von dort. Doch Oldoog ist wenig mehr als eine Sandbank, wenn auch immerhin Vogelschutzgebiet. Und das Mini-Eiland Minsener Oog haben Menschen als Bollwerk gegen Wangerooges Wandertrieb in die See gehäuft. Dieses Inselchen ist per Wattwanderung von Horumersiel-Schilling zu erreichen und hat einen kleinen Besuchersektor, ist darüber hinaus aber tabu für Natursafaris. Gleiches gilt zur Gänze für die Insel Mellum zwischen Jade und Weser. Der platte Sandkuchen, ganze 6,3 Quadratkilometer groß, ist striktes Natur- und Vogelreservat. Wer hier ›nur für ein Foto‹ anlandet, wird von einem Wärter gnadenlos des Paradieses verwiesen; selbst Wissenschaftler kriegen auf der Mellum kaum ein Bein an Deck.

OSTFRIESISCHE INSELN
Baltrum
Langeoog
Spiekeroog
Wangerooge
Minsener Oog
Alte Mellum
Mellum Plate
Tegeler Plate
Knechtsände
Roter Sand
Alte Weser
Weser
Nationalpark
Niedersächsisches Wattenmeer
Nationalpark Niedersächsisches Wattenmeer
Oldoogrinne
Hohewegrinne
JADE
Jade-busen
Vogelschutzgebiet
Spiekerooger Inselwatt
Langeooger Inselwatt
Wangerooger Inselwatt
Hoher Rücken
Janssand
Swinnplate
Ruteplate
Steinplate
Dornumer Watt
Benser Watt
Elisabethaußengroden
Buddelschiffmuseum
Harlingerland
Jeverland
Wangerland
Störtebekerstraße
Grüne Küstenstr.
Museumsbahn
Neuharlingersiel
Carolinensiel
Harlesiel
Horumersiel
Schillig
Hooksiel
Esens
Bensersiel
Dornum
Dornumersiel
Neßmersiel
Wittmund
Jever
Schortens
Sande
Wilhelmshaven
Aurich
Westerholt
Blomberg
Dunum
Holtgast
Stedesdorf
Sillenstede
Heidmühle
Cleverns-Sandel
Neuschoo
Evers-meer
Plaggenburg
Seewasser-Aquarium
Schiffahrt-Mus.
Kaiser-Wilhelm-Brücke
Wasserschloss
Schloss
210
461
16
20
23
44
72
28
84
1
2
3
4
5
6
7

Infos

Esens · Bensersiel ❶

Bensersiel ist seit 1859 Fährhafen für Langeoog und mit riesigem Campingplatz, putzigem Strand sowie der ›Badelandschaft Sonneninsel‹ touristisch autonom. Etwas im Hinterland liegt Esens mit Bahnanbindung und hübschen alten Giebelhäusern.

Sehenswert ist der **Sarkophag von Siebet Attena** († 1473) in der **St.-Magnus-Kirche**, das **Museum ›Kunst- und Wunderkammer‹** (Sommer Di.–So.), das **Rathaus** (18. Jh.) und das **Bernsteinmuseum** (Sommer Mo.–Fr.).

ⓘ Kurverein Esens-Bensersiel, Am Strand 8, 26427 Bensersiel, Tel. 04971/9170, Fax 04971/917134, www.bensersiel.de

Neuharlingersiel ❷

Hier legen die Fähren nach Spiekeroog ab. Zentrum des 300 Jahre alten Orts ist der fotogene Fischereihafen mit seinen Krabbenkuttern.

Museum: Interessant ist das **Buddelschiffmuseum** (Hauptsaison Mi.–Mo. 9.00–13.00 und 14.30–18.00 Uhr).

Veranstaltungen: Kutterregatten im Juli und Sept.

Umgebung: In **Werdum** (5 km südl.) für die Kinder ein Haustierpark (tgl. geöffnet).

ⓘ Tourist-Information, Edo-Edzards-Straße 1, 26427 Neuharlingersiel, Tel. 04974/18812, Fax 04974/788, www.neuharlingersiel.de

Carolinensiel · Harlesiel ❸

Harlesiel, das wie Carolinensiel zu Wittmund gehört, ist Fährterminal für Wangerooge – und nicht viel mehr. Carolinensiel, etwas harleaufwärts, kann dagegen mit einem schönen Oldtimerhafen aufwarten.

Sehenswert ist das **Sielhafenmuseum** (Mitte März–Mitte Nov. und Weihnachtsferien tgl. 10.00–18.00 Uhr) muss man besuchen; man findet dort sogar eine historisch korrekte Seemannskneipe. Das **Nationalparkhaus** zeigt Ausstellungen zum Thema Küste.

Veranstaltung: Hafenfest mit Kutterkorso und Wassersport (Aug.).

ⓘ Kurverwaltung Carolinensiel-Harlesiel, Bahnhofstraße 40, 26409 Wittmund-Carolinensiel, Tel. 04464/94930, Fax 04464/949323, www.harlesiel.de

Horumersiel-Schilling ❹

Die Nordostecke des Wangerlandes nennt sich das ›Kap der guten Erholung‹. Dafür sorgen einer der größten Campingplätze Europas, kinderfreundliches Ambiente und ein Nationalparkhaus mit Wattenmeerthemen.

Aktivitäten: Ablegen des **›Küstenpatents‹** mit Boßeln, Krabbenpulen usw.

ⓘ Wangerland Touristik, Zum Hafen 3, 26434 Horumersiel, Tel. 04426/9870, Fax 04426/987187, www.wangerland.de

Langeoog ❺

Das 20 km² große Eiland (2150 Einw.) ist eine der beliebtesten deutschen Urlaubsinseln. Gründe dafür sind gezeitenunabhängige Anfahrt, großes Sportangebot und vorbildliche Einrichtungen für Kinderbetreuung (Tagesstätten ›Spöölhus‹ für Kinder bis 12, ›Spöölstuv‹ für Kinder bis 6 Jahren), 14 km Strand, 1500 m Höhenpromenade und ein großes Vogelschutzgebiet. Langeoog wurde 1289 erstmals erwähnt, 1398 tauchte ›Langeoch‹ als Name auf. Besiedelt ab dem 16. Jh., blieb die Insel nach schweren Schäden durch die Weihnachtsflut 1717 lang entvölkert. Der Badebetrieb begann 1830.

Anreise: Fährhafen (gezeitenunabhängig) ist **Bensersiel.** Es gibt keine Autos, Pferdekutschen befördern die Besucher.

Sehenswert: Der **Wasserturm** (23 m), Langeoogs Wahrzeichen, lässt sich besteigen (Hauptsaison Mo.–Fr. 10.00–12.00 Uhr); bei klarer Sicht ist Helgoland zu sehen. Das Grab der Sängerin Lale Andersen auf dem **›Dünenfriedhof‹** gilt als eine Art Wallfahrtsziel auf Langeoog. Ein Blick auf das kuriose Altarbild in der ev. Kirche lohnt sich. Viel zu sehen auch im **Schifffahrtsmuseum**, u. a. ein Seglermodell (›Le Mystère‹) aus Knochen; zum Museum gehört ein Aquarium mit Nordseegetier (April–Okt. Mo.–Fr. 10.00–12.00 und 15.00–17.00, Sa. 10.00–12.00 Uhr, tgl. auch Kinderführung mit ›Knotendemo‹). Vor dem Museum steht der Rettungskreuzerveteran ›Langeoog‹; sein aktives Gegenstück (›Hannes Glogner‹) liegt im Inselhafen. Das ›Seemannshus‹ ist ein kleines Heimatmuseum mit Trauungen als Nebenfunktion. Unbedingt muss man die **Melkhorndüne** besuchen: Über 20 m ist sie hoch – und damit ›Ostfrieslands höchste Erhebung‹.

Aktivitäten: Langeoog gilt als **Sportinsel**; der ›Sportpalast‹ am Strand koordiniert die Aktivitäten (Strandgymnastik, Ballspiele, Sportabzeichen u. a.). Ausgedehntes **Wegenetz** für Wanderer und Radler (im Ortskern darf man Räder nur schieben 15. März.–Okt. 10.00 bis 12.30 und 16.00–18.00 Uhr). **Schiffsausflüge** zu den Seehundbänken, Nachbarinseln und Helgoland; **Kutterfahrten**, auch mit Fischfang. Im ›Atelier am Meer‹ lässt sich bei ›Meister Anselm‹ die **Kunstmalerei** erlernen.

ⓘ Kurverwaltung, Hauptstraße 28, 26465 Langeoog, Tel. 04972/6930, Fax 04972/693116, www.langeoog.de

Spiekeroog ❻

Die 20 km² große autofreie ›Insel der Speicher‹ (750 Einw.) gilt als natürlichste der Ostfriesinnen und wurde 1398 erstmals genannt. Vor den insularen Nöten – Piraten, Sturmfluten – flüchteten viele Spiekerooger in die Ferne, wurden Seefahrer und Walfänger. Seebad seit 1846.

Anreise: Fähre (gezeitenabhängig) von **Neuharlingersiel.**

Sehenswert: Der Inselkern blieb über die Jahrhunderte fast unversehrt; deshalb haben sich besonders schöne **Dünenkomplexe** mit artenreicher Vegetation erhalten. Auch das Dorf zeigt sich wie in alten Zeiten, so das urige **Kirchlein** (Kark to Spiekeroog) von 1696, ältestes der Ostfriesischen Inseln. Die Pietà soll aus einem spanischen Schiff stammen, das 1588 vor der Insel strandete; schön die Renaissancekanzel und das Apostelbild ›Petrus mit zwei linken Händen‹ (Mo. 16.00 bis 17.00, Mi. 11.00–12.00, Fr. 17.00 bis 18.00 Uhr). Etwas entfernt liegt das **Pfarrhaus** mit einem Walskelett aus der Moby-Dick-Zeit. Am Noorderpad das **Inselmuseum** zur Lokalgeschichte (März–Okt. Mo., Mi. und Fr. 15.30–17.30 Uhr). Im **Kuriosen Muschelmuseum** (Sommer Mo.–Sa. 10.00 bis 12.00 und 13.30 bis 16.30 Uhr) gibt es ca. 200 Stücke mit so überraschenden Namen wie ›Dauerwelle‹ oder ›Breitmaulfrosch‹. Nur noch ein paar rostige Spanten hat das Wrack der ›Verona‹ (1883) im Nordosten.

ⓘ Kurverwaltung, Postfach 1160, 26466 Spiekeroog, Tel. 04976/9193101, Fax 04976/9193113, www.spiekeroog.de

Wangerooge ❼

›Wanga‹ (altgermanisch ›Ebene‹) war im 14. Jh. ein betriebsamer Handelsplatz. 1804 wurde die Insel Seebad und erwarb bald den bis heute gültigen Ruf als das Familienbad der Nordsee. Mit nur knapp 5 km² ist die (autofreie) Insel (1240 Einw.) die kleinste der Gruppe.

Anreise: Fähre (gezeitenabhängig) ab **Harlesiel.**

Sehenswert sind der **Westturm** und der **alte Leuchtturm** (1859; tgl. besteigbar) mit Inselmuseum (Mi.–Mo. 10.00–12.00 und 15.00 bis 17.00 Uhr), Standesamt und uralter Dampflok. Der **neue Leuchtturm** (67 m) ist nur von unten zu betrachten. Am Dorfplatz alte Häuser, keines jedoch älter als 140 Jahre.

Aktivitäten: Schiffsausflüge nach Spiekeroog und Helgoland. Man ergeht sich in der Zedeliusstraße, Wangerooges Flaniermeile, und der gepflegten Parkanlage Rosengarten.

ⓘ Kurverwaltung, Strandpromenade 3, 26486 Wangerooge, Tel. 04469/990, Fax 04469/99114, www.wangerooge.de

Maßstab 1:200.000 — 0 2 4 6 8 10km

Heimat-Verein
Leezdorf

Kernig ist das Kernland

Ostfrieslands Kernland, umwettert von den Schauern der Geschichte, ist ebenso eigenwillig wie eindrucksvoll. Sehr flach und sehr grün ist es, und die Städte sind sehr überschaubar – und sehr zu Unrecht verrufen. Von wegen ›schaurich‹: Auf Originelles und Rares, auf Piraten, Häuptlinge und Ballermänner stößt man an jeder dritten, auf Boßeltrupps und Melk-Abiturienten an jeder zweiten Ecke. Und auch die Natur spielt mit beim Spaß am Umstoßen der Norm – in der Friesischen Wehde gibt es einen richtigen Urwald!

Ostfriesland ist Windmühlenland: In Leezdorf im Brookmerland steht dieser gut erhaltene Galerieholländer.

▲ Vom alten Auricher Schloss blieb nur der Marstall. 1731 wurde er zur Neuen Kanzlei umgebaut

▲ Heute Verwaltungssitz: Neues Schloss

▲ Hafenwärter-Pingelhus: Einst fuhren Schiffe bis nach Aurich

▼ Meisterlich: Ihlower Altar der Lambertikirche

▼ Gilt als ›Kulturparlament‹ Ostfrieslands: Gebäude der Ostfriesischen Landschaft in Aurich

Aurich ist schaurich – aber Leer noch viel mehr! So frotzeln sie ja selbst, die Ostfriesen. Doch man darf ihr Augenzwinkern nicht übersehen, während sie diesen wohlgereimten Vers zitieren. Denn die beiden Städte gehören zu den respektabelsten der Region, der Republik überhaupt – und in Wahrheit sind die Ostfriesen nicht wenig stolz auf sie. Das stellten sie im Falle Aurichs am Ende des Zweiten Weltkriegs hinlänglich unter Beweis ...

Rettung in letzter Minute

Am 4. Mai 1945 sollte nach dem Willen der vor den Toren Aurichs stehenden Alliierten die Stadt dem Erdboden gleichgemacht werden. Je 200 Geschütze und Bomber standen dazu in Bereitschaft. Zwei Auricher Zivilisten, Friedrich von Senden und Heinrich Alberts, erfuhren von den Plänen und machten sich am Vorabend per Fahrrad (!) auf den gefährlichen Weg an die Front, um den kanadischen Befehlshaber von seinem Vorhaben abzubringen. General Roberts zeigte sich höchst beeindruckt von diesem Bürgermut, stellte jedoch ein Ultimatum: Falls bis 12 Uhr des 4. Mai von deutscher Seite nichts geschähe, fände das Bombardement statt.

Es gelang den beiden zivilen Helden, die Militärs in Aurich von der Nutzlosigkeit weiteren Widerstands zu überzeugen – ein extrem riskanter Akt. Um 11.15 Uhr des Schicksalstags fuhr eine Delegation den Kanadiern entgegen, kam in Bombentrichtern zum Stehen – und schaffte es dennoch bis Punkt 12 Uhr! Damit war der Krieg für Aurich zu Ende und das Fortbestehen einer der historisch wertvollsten Städte des deutschen Nordens in buchstäblich allerletzter Minute gesichert. Und nur zwei mutige Männer hatten dies möglich gemacht.

Störtebekers Schlupfloch

In der zweiten Hälfte des 14. Jahrhunderts verunsicherte er die Seewege in Nord- und Ostsee: Klaus Störtebeker, Schrecken der Meere – und vor allem der Handel treibenden Hansestädte. Allerdings muss vieles im Lebenslauf des berühmtesten Piraten hiesiger Breiten ins Reich der Legende verwiesen werden – einem Mann, der ganze Schiffsladungen

▲ *Schon Klaus Störtebeker bot sich eine ähnliche Perspektive: Die Backsteinkirche von Marienhafe ist von außen so imposant …* ▼ *… wie von innen*

▲ *Brookmerland: Cowboys und -girls bei der Arbeit*

▲ *Boßeln: Lat hüm rrrulln!*

▼ *Bereit zum großen Wurf*

von Raubgut an sich raffte und zudem als eine Art Robin Hood galt, wurde natürlich Aberwitziges zugeschrieben.

SPECIAL

Des edlen Ennos Ende

Friedeburg, nomen est omen, ist ein beschaulicher Ort. Im 14. und 15. Jahrhundert allerdings ging es weit weniger friedlich zu in diesem Grenzbereich zwischen Oldenburg und Ostfriesland. Und 1491 ereignete sich hier ein Familiendrama, das die Gemüter bis in die Gegenwart beschäftigt hält – sogar ein Theaterstück wurde darüber geschrieben. Gräfin Theda war Regentin auf der Friedeburg, Almuth ihre Tochter und Enno I. der Sohn. Als Enno auf frommer Pilgerfahrt im Heiligen Land weilte, nutzte sein Burgverwalter Engelmann von Horsten die Lage aus, um die schöne Almuth zu ver- und entführen. Zwar hatte er sie außerdem ganz konventionell geheiratet, aber Frau Theda fand die Ehe unannehmbar und schnaubte Rache. Als Enno im Februar 1491 zurückkehrte, fiel es ihm anheim, die Schmach zu tilgen. Er trat waffenklirrend an und forderte die ›Herausgabe‹ der Schwester. Seine schwere Rüstung geriet ihm jedoch zum Verhängnis, denn er brach durch das Eis des Burggrabens und ertrank jämmerlich. Der treulose Dienstmann verschwand im Dunkel der Nacht nach Holland. Und die entehrte Almuth wurde bis an ihr Lebensende 1522 in Greetsiel in Isolationshaft gehalten.

Dass der damals an einer weit ins Land reichenden Bucht gelegene Ort Marienhafe den listig-lustigen Vitalienbrüdern als Stützpunkt diente, entspricht jedoch historischen Tatsachen. Der Räuberhauptmann war mit ostfriesischen Häuptlingsclans verbandelt, die Gold und Silber sehr zu schätzen wussten und ›Mariens Hafen‹ dafür gern als Unterschlupf zur Verfügung stellten. Lange wäre das allerdings nicht gut gegangen, denn die Städte der Hanse machten mächtig Druck auf die Ostfriesen. Das Problem erledigte sich aber schon 1401 mit der Gefangennahme Störtebekers und seiner Kumpane vor Helgoland und der anschließenden Enthauptung der ganzen Korona auf dem Hamburger Grasbrook.

▲ Im Heimatmuseum Wittmund: alte Feuerwehrpumpe

▼ Altväterlich: Sitzungssaal im Wittmunder Kreishaus

▶ Heute Café: Wittmunder Mühle

▼ Giebeldetail am Wittmunder Kreishaus

▼ Wittmunder Maskottchen: Jan Schüpp

Dennoch gilt Marienhafe und nicht Hamburg als ›Störtebekerstadt‹. Auf dem Marktplatz vor der großen Marienkirche hat man dem Flibustier ein Standbild gesetzt, und eine spezielle Abteilung im Kirchenmuseum ist nur seinen Taten – bzw. Untaten – gewidmet. Alle drei Jahre finden zudem ›Störtebeker-Spiele‹ statt.

Und sollte auch der sagenhafte Schatz des Piraten in oder um Marienhafe vergraben liegen? Mancher sternenäugige Amateurforscher hält das für möglich. Naheliegender ist aber, dass der raubauzige Getränkefreund auf Seemannsart seine ganze Beute verjubelte. Die Hamburger Häscher hätten ihn andernfalls mit glühenden Zangen gezwickt, um den Verbleib zu erfahren. Trotzdem, man vergesse auf Küstenreise den Spaten nicht! Auch in den Borkumer Woldedünen soll Störtebeker-Gold vergraben liegen ...

Abitur für alle

Wer die Reife nicht schafft oder seiner Penne überhaupt nichts mehr abgewinnen kann, dem bietet Wittmunds ›Ostfriesen-Abitur‹ noch eine reelle Chance. Bislang haben fast 125 000 Absolventen die insgesamt zehn Prüfungen erfolgreich abgelegt, zu denen unter anderem Boßeln, Krabbenpulen, Teetrinken, Ostfrieslandkunde und Melken gehören. Letzteres Examen findet an der Kuh ›Elsa‹ statt, dem geduldigsten Rindviech der Region, denn sie ist aus Blech. Für die Kleinen gibt es das ›Lüttje Abitur‹ und die ›Ostfriesische Mittlere Reife‹, nach deren Erwerb sie sich schon einmal den nächsten Karriereschritt überlegen können.

Nach bestandener Prüfung (Durchfallen ist unwahrscheinlich) können sich die frisch gebackenen Abiturienten in und um Wittmund von den Strapazen erholen. Gerne werden sie dann an den Wittmunder Strand verwiesen. Die Häfen Harle- und Carolinensiel sind nämlich Ortsteile Wittmunds, das gut zwölf Kilometer landeinwärts liegt. Womöglich schwingt bei diesem Arrangement etwas Wehmut nach den alten Zeiten mit, als Wittmund noch an der See lag. Damit war es aber im 19. Jahrhundert zu Ende. Ach ja: Diese Angaben bitte merken; sie könnten beim Ostfriesen-Abi abgefragt werden.

▲ Vor dem Schloss von Jever ...

▼ ... steht Fräulein Maria

▶ Im Schloss zu Jever: unter der Kassettendecke

▲ In Jevers Stadtkirche

▼ In Hohenkirchen bei Jever

▼ Wie das Land ...: Hier wird das Bier aus Jever gebraut

Im Asterixland

Funnix, Alt- und Neufunnixsiel, Groß- und Kleinholum – es klingt, als ob Asterix und Obelix jeden Moment in Erscheinung treten und die Römer (oder wen immer) als ›Mallbüdels‹ schmähen wollten. So heißen ›Spinner‹ nämlich auf Platt, und weil es den Comic mit den wohlbekannten Figuren auch in der Sprache der Norddeutschen Tiefebene gibt, kann man das dort gleich mal schwarz auf weiß nachprüfen.

Überhaupt lässt sich dieserart ganz gut Plattdeutsch lernen, und man vermag dann ein wenig mitzureden in den Funnixen und Kleinbonum, pardon, -holum. Die Dörfchen liegen südlich von Neuharlinger- und Carolinensiel auf dem platten Land, umgeben von grünen Weiden und einer Windmühle nach der anderen. Nicht aber etwa, dass es dort sonst ›nix‹ gäbe! Altfunnixsiel hat einen betriebigen Freizeitpark, fast ein Legoland, und die außen doch eher unscheinbare Florianskirche in Funnix zählt mit prächtigem Flügelaltar und anderer Kunst des 13. Jahrhunderts zu den großen Sehenswürdigkeiten der Region.

Und jetzt nur noch einen Schritt hinüber ins Seversche, nach Ziallerns, einer friesischen Ringsiedlung aus uralter Zeit. Dort kann man sich den beiden Hauptakteuren erneut ziemlich nahe fühlen. Denn ›das kleine, unbeugsame Dorf‹ in Gallien sieht vom prinzipiellen Aufbau her ganz ähnlich aus!

Fräulein Marias Ballermänner

Nicht erst in den Kriegen des 20. Jahrhunderts wurde es Usus, schwere Artillerie mit herzigen Kosenamen (›Dicke Bertha‹ oder Ähnliches) zu belegen. Schon in alter Zeit huldigte man am Schloss zu Jever diesem Brauch. Ein mächtiger Böller – ›söwen Mil scheet ick!‹ – trug den Namen der edlen Schlossherrin Maria Wiemken (›Froichen Maria‹), eine andere Kanone (›Dorthe‹) den der Schwester Dorothea. Und 1552 wurde die wuchtige ›Drossel‹ gegossen.

Neben diesem Vögelchen dräuten zwei tückische Schlangen namens ›Basilisk‹ und ›die lange Schnelcke‹. Außerdem gab es das ›Schulpen-Stück‹ alias ›grimmiger

▲ Landschaftsbilder wie diese charakterisieren die ›Friesische Wehde‹ bei Zetel-Neuenburg

▲ ›Jagdhütte‹ im Neuenburger Urwald

▲ Morgen am Ems-Jade-Kanal bei Friedeburg

▼ Kaiserliche Zeiten im Schulmuseum Zetel-Bohlenbergerfeld

▼ 1462 als Oldenburger Grenzburg gegen die Friesen gebaut: Schloss Neuenburg

Lewe‹ und das dreikalibrige ›Kleverblatt‹. Alles in allem also ein eindrucksvolles Arsenal, das insbesondere die Ostfriesen abhalten sollte, die sich Jever gern angeeignet hätten – und es kurzzeitig auch fertig brachten.

SPECIAL

Ein richtiger Dschungel

Ausgerechnet im flachen Küstennorden auf einen echten Urwald zu stoßen, das klingt zu schön, um wahr zu sein. Aber der ›Neuenburger Urwald‹ existiert tatsächlich, und der Titel ist nicht unverdient. Denn einige der dort befindlichen Baumsenioren mögen bis zu 800 Jahre alt sein, der Durchschnitt beträgt um die 200 bis 500 Lenze. Dass diese Veteranen die wenig waldfreundlichen Zeiten des zweiten Jahrtausends überleben konnten, grenzt in Frisien, wo man nach dem Motto ›Ik mutt mien Land seen!‹ stets alles kurz und kahl schlug, an ein Wunder. Es waren in erster Linie die der Natur wohlgesinnten Oldenburger Grafen und Herzöge, die den Status quo durchsetzen konnten, indem sie vor allem den Vieheintrieb unterbanden, der so viele Wälder zerstörte. Im Neuenburger Urwald lassen sich schöne Wanderungen unternehmen. Und vor Anakonda oder Jaguar braucht man dabei keine Angst zu haben. Der geografischen Lage und den Abmessungen des Areals – 22,4 Hektar – gemäß ist Dschungelgetier nur im Kleinst- bis Mittelformat vertreten, von der Zwergspinne bis zum Hasen und gelegentlichen Reh. Und gar so wild geht es in ihm, trotz erfreulicher Unaufgeräumtheit, eh nicht zu. Selbst der Eingang ist, befinden wir uns doch in deutschen Landen, sorgsam ausgeschildert: ›Zum Urwald‹.

Ansonsten erfüllte die Artillerie den Zweck der Abschreckung in diesem Kalten Krieg und kam zu keinem nennenswerten Einsatz. Stattdessen nahmen die verschiedenen nachfolgenden Statthalter Jevers die Stücke als Souvenirs in ihre Heimatländer mit: nach Dänemark, Holland, Frankreich, Russland. Man sieht: Jever war immer schon international – und das ist es auch heute noch. Es gibt sogar ein ›Australien-Museum‹ zum Thema der Aborigines!

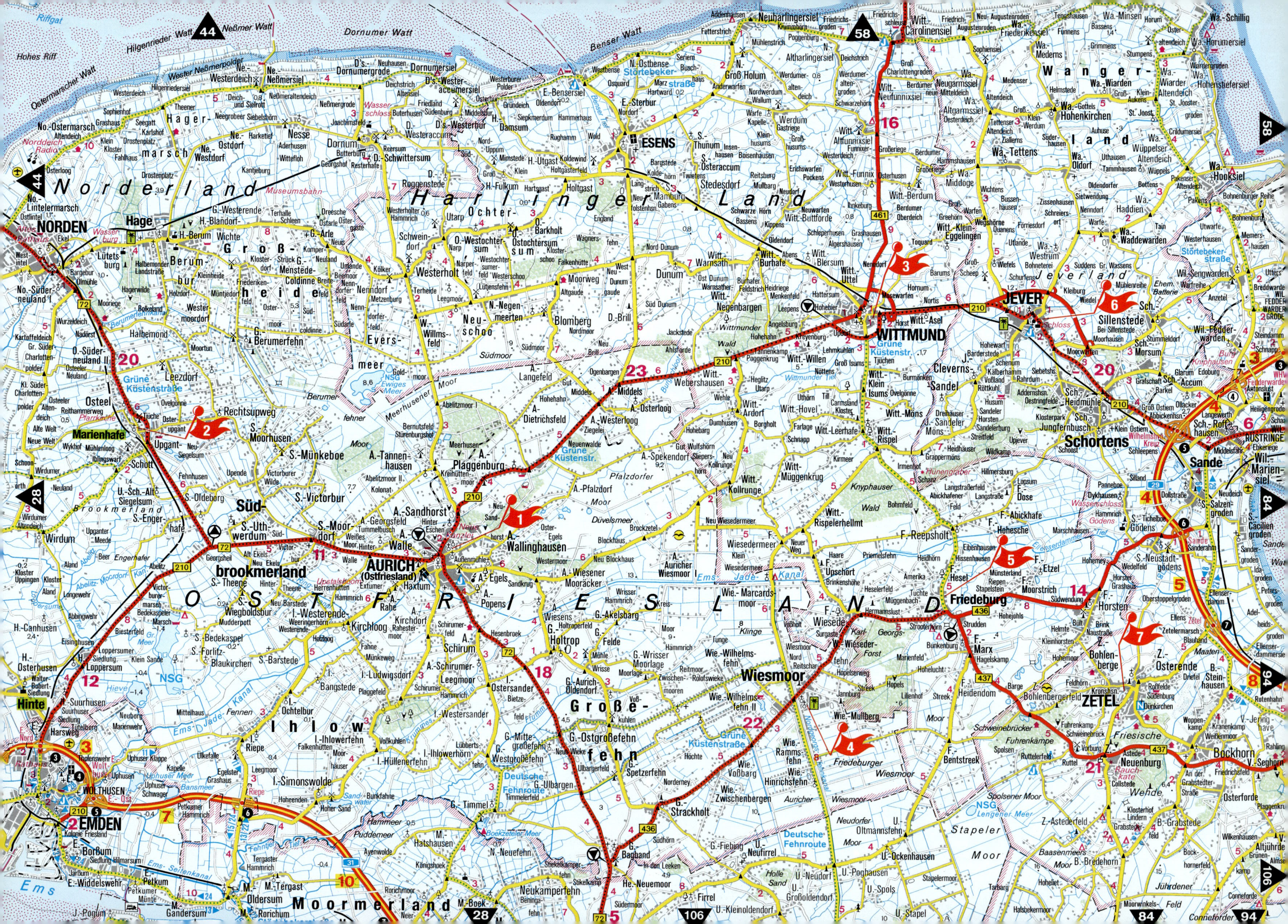
44
58
84
94
106
28
Norderland
Harlinger Land
Wanger-land
Jeverland
OSTFRIESLAND
Dornumer Watt
Neßmer Watt
Benser Watt
Ems
NORDEN
Hage
Marienhafe
Süd-brookmerland
AURICH (Ostfriesland)
EMDEN
Hinte
Moormerland
Ihlow
Große-fehn
Wiesmoor
Friedeburg
ZETEL
Neuenburg
Bockhorn
Sande
Schortens
JEVER
WITTMUND
ESENS
Grüne Küstenstraße
Deutsche Fehnroute

Infos

Aurich 1

Am Schnittpunkt mehrerer bedeutender Handelswege im 13. Jh. von einem Oldenburger Grafen gegründet, ist die Stadt (37 000 Einw.) heute Kreisstadt, lebendiges Einkaufs-, Handels- und Dienstleistungszentrum.

Sehenswert: Die jetzige **Lambertikirche** ist ein mäßig interessanter Nachbau (19. Jh.); sie beherbergt jedoch den spätgotischen, um 1510 in Antwerpen gefertigten **›Ihlower Altar‹**, ein Prachtstück der Kirchenkunst. Am Markt **Bürgerhäuser** des 17.–19. Jh.; kontrastierend die moderne Metallskulptur des Aachener Künstlers Albert Sous. Im Park des **Schlosses** (1850) der fürstliche **Marstall** (1731); auf dem Stadtfriedhof Mausoleum mit Zinnsärgen für den regionalen Adel. In einem Neorenaissance-Bau residiert die Denkmalpflegebehörde **›Ostfriesische Landschaft‹**.

Museen: Die Alte Kanzlei von 1530 dient heute als **Historisches Museum** (Di.–Fr. 9.00 bis 13.00 und 15.00–18.00, Sa. und So. 11.00 bis 17.00 Uhr). Auch die **Stiftsmühle** (Ostfrieslands größte) von 1858 ist heute Museum und Teestube (Oldersumer Str.; April–Okt. Di.–Sa. 11.00–17.00, So. 15.00–17.00 Uhr).

Umgebung: 6 km nördl. das Naturschutzgebiet **›Ewiges Meer‹**, Deutschlands größter Hochmoorsee. 3 km südw. in **Rahe** die altfriesische Thingstätte ›Upstalsboom‹ mit Steinpyramide von 1833.

ⓘ Verkehrsverein, Norderstraße 32,
26603 Aurich, Tel. 04941/4464,
Fax 04941/10655, www. aurich.de

Marienhafe 2

Im Mittelalter war der Ort Seehafen, Ende 14. Jh. Zufluchtsort des 1401 in Hamburg hingerichteten Seeräubers Klaus Störtebeker.

Sehenswert ist die 1250 begonnene **Marienkirche** mit markantem Turm (schöne Aussicht) und ›Störtebekerkammer‹. Eine private **Ausstellung** zu dem Vitalienbruder gibt es in der Bahnhofstraße (Do.–Di. nachm.). Im **Moormuseum Moordorf** (April–Okt. Di. bis So. 10.00–17.30 Uhr) alles über Moorkultur.

Umgebung: In **Osteel** (2 km nördl.) Denkmal des Astronomen David Fabricius; in Rechtsupweg (4 km östl.) ein Tiergarten (tgl. 9.00–18.00 Uhr); dort sowie in **Osteel, Leezdorf** (3 km nordöstl.) und **Wirdum** (5 km südwestl.) weitere alte Kirchen.

Veranstaltungen: Störtebeker-Fest im Juni, **Störtebeker-Freilichtspiele** im Juli/Aug. (unregelmäßig, Info Fremdenverkehrsamt).

ⓘ Fremdenverkehrsamt Brookmerland,
Am Markt 11, 26529 Marienhafe,
Tel. 04934/81246, www.marienhafe.de

Wittmund 3

Im Mittelalter war Wittmund Häuptlingssitz. 1461 baute Siebet Attena eine Feste, die Friedrich der Große, Zeichen setzend, 1764 schleifen ließ. Heute nennt sich Wittmund (19 000 Einw.) ›gemütliche Ostfriesenstadt‹.

Sehenswert sind die **Nicolaikirche** von 1884, der **Schlosspark** mit Wallanlage und das **Kreishaus** (um 1900) mit historischem Sitzungssaal und Landratszimmer. Die **Peldemühle** von 1741 gilt als ältester Galerieholländer Norddeutschlands (April–Okt. Di. bis Sa. 10.00–12.30 und 14.00–17.30, So. 10.00 bis 12.00 Uhr).

Umgebung: In **Altfunnixsiel** (8 km nördl.) ist der Freizeitpark ›Lütge Land‹ (www.luetgeland.de; tgl. 9.00–19.00 Uhr) zu finden.

Veranstaltungen: Juli/Aug. wird das garantiert leichte **Ostfriesen-Abitur** abgenommen. Anf. Sept. ist **Plum'n-Markt** in Altfunnixsiel.

ⓘ Tourist-Information, Am Markt 15,
26409 Wittmund, Tel. 04462/983125,
Fax 04462/983298, www.wittmund.de

Wiesmoor 4

›Niedersachsens Blumenbeet‹ wird dieser Ort, mitten im Hochmoor gelegen und erst zu Beginn des 20. Jh. entstanden, wegen seiner Gewächshäuser genannt. Herrliche Zier- und Nutzpflanzen gibt es in der Blumenhalle (mit Wasserorgel; März–Okt.).

Museum: Im **Torf- und Siedlungsmuseum** (www.torf-und-siedlungsmuseum.de; April bis Okt. 10.00 Uhr–18.00 Uhr) kann man das Kolonistendasein nacherleben.

Veranstaltungen: Sommerfest wird im Juni, **Blumenkorso und Blütenfest** werden Anf. Sept. veranstaltetet.

ⓘ Touristik Gesellschaft, Hauptstraße 199a,
26639 Wiesmoor, Tel. 04944/91980,
Fax 04944/919899, www.wiesmoor.de

Friedeburg 5

Die Friedeburg wurde 1359 als Grenzfeste zwischen Oldenburg und Ostfriesland angelegt. 1763 riss man die Burg ab; nur ein Wehrturm (neueren Ursprungs) ist übrig. Heute hat das Städtchen Erholungsortstatus.

Sehenswert sind die **Kirchen** in den Ortsteilen Etzel, Horsten (13. Jh.) und Marx (12. Jh.); der Marxer ›Marxisten-Pass‹ berechtigt zur Einreise nach Ostfriesland. Unbedingt gesehen haben muss man den **Ameisenlehrpfad** in Hopels (Tel. 04465/250).

ⓘ Tourist-Information, Hauptstraße 60,
26446 Friedeburg, Tel. 04465/1415,
Fax 04465/1416, www.friedeburg.de

Jever 6

Das ›Fräulein Maria‹ machte das schon im 10. Jh. erwähnte Jever zum regionalen Zentrum (heute 14 000 Einw.); nach ihrem Tod 1575 fiel das Jeverland an Oldenburg, später an diverse ausländische Fürsten – Zarin Katharina II. war 1793–1806 Regentin. Die 1848 gegründete Brauerei sorgt bis heute für Bekanntheit.

Sehenswert ist vor allem das **Schloss** (15. und 16. Jh.) mit Heimatmuseum und Audienzsaal mit Kassettendecke aus erlesenem Schnitzwerk (Di.–So., Juli und Aug. auch Mo. 10.00–18.00 Uhr). In der **Stadtkirche** ist das Edo-Wiemken-Denkmal zu finden (tgl. 8.00–18.00 Uhr). Im historischen Zentrum stehen auch **Rathaus** (17. Jh.) und **Sagenbrunnen** (Alter Markt) mit Legendengestalten. Außerdem **Friesisches Brauhaus** mit Museum und Brauereiführung (Anmeldung Tel. 04461/13711), **Blaudruckerei** (Mo.–Fr. 10.00–12.00 und 14.00–17.00, Sa. 10.00 bis 12.00 Uhr), **Schlachtmühle** von 1847 (Landwirtschaftsmuseum, n. Vereinb. Tel. 04461/969350) und an der Straße nach Wittmund ein privates **Australien-Museum** (n. Vereinb. Tel. 04461/73558).

Umgebung: In **Hohenkirchen** (8 km nördl.) Altar (1620) und Kanzel (1628) von Ludwig Münstermann in der Ortskirche.

ⓘ Jever Marketing und Tourismus Gesellschaft,
Alter Markt 18, 26441 Jever, Tel. 04461/
71010, Fax 04461/8929927, www.stadt-
jever.de

Zetel-Neuenburg 7

Die beiden Örtchen bilden einen gemeinsamen Komplex; 1994 wurden sie zum ›schönsten Dorf Frieslands‹ gewählt.

Sehenswert ist der **›Neuenburger Urwald‹** mit jahrhundertealtem Baumbestand. In Neuenburg selbst steht das **Grafenschloss** (1462) mit dem **Heimatmuseum Rauchkate** (Mai bis Sept. Mi. und So. 15.00–17.30 Uhr). In Bohlenbergerfeld das **Schulmuseum** (www.schulmuseum.de; April–Okt. Di.–Fr. 14.00 bis 16.30, Sa. und So. 14.00–18.00 Uhr). In der **Rutteler Mühle**, einer Galerieholländermühle von 1865, gibt es frisch Geschrotetes – ökologisch unbedenklich. Hübsch der alte Neuenburger Bahnhof – jetzt mit Dentalpraxis. In Zetel sind die friesische **Festungskirche St. Martin** (1250; Flügelaltar um 1500), die Klinkermanufaktur Röben und das Wildwestcamp ›Cheyenne‹ am südl. Ortseingang zu finden.

ⓘ Fremdenverkehrsbüro, Urwaldstraße,
26340 Neuenburg, Tel. 04452/1301,
Fax 04452/7158, www.friesische-wehde.de

Maßstab 1:200.000 (0 2 4 6 8 10 km)

Ein Leben, vom Meer bestimmt

Hier Tankerriesen, dort Containerfrachter. Dazwischen, an der Jade, weites, flaches, horizontbeherrschendes Land. Davor, glänzende Watten, noch flacher, hinter wuchtigen Deichen, um die große grüne Schüssel der Marsch vor dem Volllaufen zu bewahren. Das eine oder andere Fischerdörfchen. Dann wieder, entlang der Weser, betriebsame Häfen mit dicken Pötten an den Kais. Butjadingen und die Wesermarsch tragen den Stempel der Seefahrt, seit Jahrhunderten schon. ›Wilhelms Hafen‹ ist dagegen blutjung – und entsprechend lebhaft.

Die ›Windsbraut‹ am Nassauhafen wurde 1994 anlässlich der 125-Jahr-Feier Wilhelmshavens aufgestellt.

▲ Mit 195 Metern Spannweite Deutschlands größte Drehbrücke: die Kaiser-Wilhelm-Brücke in Wilhelmshaven

▼ Strenge Linien: Högers Rathaus

▲ *1981 ausgemustert: Weserfeuerschiff in Wilhelmshaven*

▲ *Starfighter am Marinemuseum*

▼ *Aus alter Zeit: Briefkasten an der Werft*

Viele Deutsche trugen eine Übersichtskarte der in diesem Abschnitt beschriebenen Region mit sich herum, bevor der Euro kam. Das Kärtchen befand sich auf dem Zehnmarkschein, sogar das kleine Dorf Langwarden war auf ihm verzeichnet. Man sehe sich noch einen alten Zehner an. Auffällig ist selbst in diesem Minimaßstab die Zerrissenheit der Küste im Bereich von Weser und Jade.

SPECIAL

Malaria am Nordseestrand

1856 begann an der Jade die große Buddelei. Komplette Hafenbecken und gewaltige Seeschleusen für riesige Kriegsschiffe mussten ausgehoben werden, überwiegend per Spaten, Tragekorb und Schubkarre. Man hat die Szenen auf der damaligen Baustelle mit der Arbeit chinesischer Kulis verglichen oder mit der Plackerei am Panamakanal, ein gutes halbes Jahrhundert später. Sogar Malaria machte den Männern in den Jadesümpfen zu schaffen und führte zu massiven Ausfällen. Kein Wunder, dass das Megaprojekt erst 1869 abgeschlossen wurde. Dann war es aber auch ein Prachtstück, das der elenden Schlickschaufler-kolonie Wilhelmshaven schon vier Jahre später zu Stadtstatus verhalf und in ihren Bauherren die Überzeugung reifen ließ, die Welt aus den Angeln heben zu können. Bekanntlich kam es anders, und das gleich zweimal, und beim letzten Mal besonders dick. Dass Wilhelmshaven sich dennoch zu einer attraktiven Stadt mit lagunenartigen Hafenbecken und sattem Grün mausern konnte und viel Kultur und Action anbietet, lässt auf einen zähen Überlebenswillen schließen. Und darauf, dass seine Bewohner aus allen Ecken Deutschlands stammen. Vielfalt statt Einfalt.

Früher sah es überall so aus, bis neue Deiche gerade Linien schufen. Nur Flüsse hinterließen immer währendes Chaos. Selbst ein Rinnsal wie die Jade hält die Küste bis auf den heutigen Tag tief ausgezackt, und eine Änderung ist nicht in Sicht.

Ein Riesenloch in der Küste!

Im 13., 14. und 16. Jahrhundert brach die See den bescheidenen Mündungstrichter

▲ Ab Dangast: mit der alten ›Etta‹ auf Jadebusenfahrt

▲ Musikverein Schweiburg ▼ Varel: in der Schlosskirche

▲ Gerald Chmilewski, der Erfinder des Vareler ›Spijöök‹

▼ Barockes Wasserschloss Gödens

der Jade immer weiter auseinander und verwüstete 13 Kilometer weit das Binnenland. Heute weist der Jadebusen eine Wasserfläche von reichlich 160 Quadratkilometern auf – fast schon Kleinstaatformat! Bei Ebbe bleibt von dem vielen Wasser allerdings nicht viel übrig. Die Bucht hat mit 3,6 Metern nämlich den höchsten Tidenhub der deutschen Nordsee, und große Teile des Areals fallen dann trocken – sehr zur Freude von vielen Tausenden von Watvögeln, die im Frühjahr und Herbst dieses weitgehend naturgeschützte Gebiet bevölkern.

Umgekehrt schwappt bei Flut das Becken bis an den Deichfuß voll. Bei der mörderischen Sturmflut von 1962 kletterte der Pegel sogar auf 7,45 Meter über Normalnull. Ein Flutmarker steht bei Reitland am Deich – ganz schön beeindruckend. Davor dehnt sich das ›Schwimmende Moor von Sehestedt‹, ein winziger Rest der großen Hochmoore, die der Nordsee einst zum Opfer fielen. Leider heben nur extrem hohe Sturmfluten den knapp zehn Hektar großen Torffladen ein wenig an, und mitfahren darf man dann auch nicht: Betreten ist verboten, schon seit 1938.

Der Schnöselkäfer von Varel

Museen können lehrreich sein, dafür sind sie da. Aber wann sind sie schon mal witzig? Das ›Spijöök‹ am Vareler Hafen bildet eine dieser Ausnahmen. In ihm gibt es jede Menge Belachenswertes, und Gerald Chmilewski, der auch Comics zeichnet, erläutert den Unfug mit Verve. Oder sollte man den ›Zugang zur norddeutschen Lebensweise‹ lieber ernst verinnerlichen? Immerhin hat die zuständige ›Gruppe Menschenmüll‹ weder Kosten noch Mühen gescheut, um in Südfrankreich nach dem mysteriösen Schnöselkäfer zu forschen. Auch die von der gleichen Gruppe ertauchte Nasenspitze der Sphinx ist im wahren Wortsinn nicht von Pappe. Und das für ein paar Flaschen Wodka von Russlands Marine erworbene U-Boot muss man ebenfalls gesehen haben!

Und wenn man dann noch etwas Zeit hat, wandere man ein halbes Stündchen am Vareler Tief entlang seewärts, um einen der malerischsten Bereiche des Jadebusens kennen zu lernen ...

▲ Kutter in Fedderwardersiel

▲ Strandkörbe im Grünen: Burhave

▼ Im Jadebusen gerät man leicht ›up Schiet‹

▼ Kleine Wattenläufer

▼ Irgendwo in Butjadingen: Schafe sind oft die einzigen Lebewesen, denen man am Deich begegnet

Umkämpfte Plattheit

Butjadingen, das Land zwischen Weser und Jade, war einst Teil des weiten Weserdeltas und bis ins 16. Jahrhundert eine Insel. Friesische Pioniere entrissen die sumpfigen Flächen in Schwerarbeit dem Meer und verwandelten sie in fruchtbares Land. Doch kaum war das Werk vollbracht, als die fette Pfründe anderen schon ins Auge stach. Im Süden des Landstrichs war im Jahr 1234 – leicht zu merken: einszweidreivier – ein Kreuzfahrerheer aus Bremen gegen die wesensverwandten Stedinger gezogen – und hatte die Schlacht bei Altenesch für sich entschieden. Das machte Appetit auf mehr, und anno 1250 ging es bei Boitwarden erneut auf fröhliche Friesenhatz – ungünstigen Ausgangs dieses Mal.

SPECIAL

Blexen hat den Bogen raus

Auf ›Blexen-Reede‹, wo die Weser einen scharfen Bogen macht, liegen häufig Dickschiffe vor Anker und warten auf den Lotsen, auf Hochwasser, einen freien Liegeplatz – ganz normaler Alltag. An Land, in Blexen, ist dagegen nicht viel los. In der alten Kirche St. Hyppolit ließ der heilige Willehad angeblich Wasser hervorsprudeln. Davor hatte er Karl den Großen auf dessen Kriegszügen gegen die Sachsen begleitet – und 789 starb er. Beim Bau der Kirche im 11. Jahrhundert soll es Probleme gegeben haben: Ein Bogen stürzte immer wieder ein. Weil der Baumeister ›den Bogen nicht raus hatte‹ – daher stammt die Redensart –, musste, wie bei solchen Anlässen üblich, der Teufel helfen. Der holte sich als Gegenleistung eine Fuhre Erde, teuflischerweise aus dem Deich und just in dem Moment, als eine Sturmflut auflief. Durch den Einsatz von extra viel Weihwasser konnte ein Desaster verhindert werden. Aber den Blexern, heißt es, sitzt der Schreck immer noch tief in den Gliedern.

Erst 1514 wurde friesisches Freiheitsstreben bei Langwarden endgültig zu Grabe getragen. Und 1717 wäre es um ein Haar zum katastrophalen Schlussstrich unter die Geschichte Butjadingens gekommen, als die Weihnachtsflut jenes Jahres alle

▲ *Eckiges Panorama: die Braker Pieranlagen, von der Weserinsel Harriersand aus gesehen*

▲ *Logenplatz für Bremerhavens ›Sail‹: ...*

▲ *Im Schifffahrtsmuseum von Brake: Telegraph und ...*

▼ *... Überrest eines Rettungsboots der ›Pamir‹*

▼ ... *Weserufer bei Nordenham-Blexen mit seinem alten Fährbahnhof*

Deiche brechen ließ und das Land bis zu fünf Meter unter Wasser begrub. Aber auch nach diesem gewaltigen Schicksalsschlag rappelten die Butjenter sich wieder auf – aus Macht der Gewohnheit, ist anzunehmen.

Sparmaßnahme Doppel-M

Bis 1885 schrieb sich Nordenham mit Doppel-M. Dann wurde das Schienennetz ausgebaut, was viel Geld kostete, und die schon damals notorisch klammen Reichsbahner suchten an allen Ecken und Enden nach Einsparmöglichkeiten. Sie befanden unter anderem, dass Stationsschilder mit dem Schriftzug ›Nordenhamm‹ wegen Überlänge zu teuer seien. Also wurde ein M abgeknappst – und die ganze Stadt hatte gefälligst nachzuziehen, so einfach ist das.

Heute dräut in der einemmigen Stadt einiges an wenig anheimelnder Industrie, dank gereiften Umweltbewusstseins aber pflegeleichter als zuvor. Auf den weitläufigen Pieranlagen findet reger Umschlag statt. Außer diversem Massengut wird hier die meiste Munition aller deutschen Häfen verschifft; man darf – aus sicherer Entfernung – sogar dabei zusehen.

Kleine Städte am großen Strom

Die ›Seehafenstadt‹ – so ihr amtlicher Titel – Brake verdankt ihren Status dem vielen Sand, den die an ihr vorbeifließende Weser im Lauf der Jahrtausende ablagerte. Auch Elsfleth, ein Stückchen südlicher an der Huntemündung gelegen, konnte davon zehren. Beide Städte nahmen dem Hafen Bremen nämlich sozusagen die Butter vom Brot, weil die Weser dort im 18. Jahrhundert gerade mal zwei bis drei Fuß Wassertiefe aufwies. Frachten mussten in Brake geleichtert und stromauf geschippert werden. Auf halbem Wege schöpfte Elsfleth als Oldenburger Zollstation dann noch einen Obolus ab.

Beide Städtchen gediehen dieserart zu bedeutenden Umschlagplätzen. Brake bewegt heute weitaus mehr Tonnen als Elsfleth, aber dort befindet sich immerhin eine Fachhochschule, die den Seefahrernachwuchs ausbildet. Denn Seefahrt tut not, für ein Exportland wie die Bundesrepublik weiterhin mehr denn je.

Nationalpark
Niedersächsisches
Wattenmeer
JADE
WESER
Hohe Weg
Jadebusen
Butjadingen
Stadland
WILHELMSHAVEN
Seewasser-Aquarium
Schiffffahrt-Mus.
Kaiser-Wilhelm-Brücke
BREMERHAVEN
NORDENHAM
BRAKE (Unterweser)
ELSFLETH
VAREL
ZETEL
Schortens
Sande
Bockhorn
WESTERSTEDE
Wiefelstede
Rastede
Bad Zwischenahn
Jade
Ovelgönne
Berne
Schwanewede
Wangerland
Hooksiel
Neuenburg
Jaderberg
Stollhammer Watt
Feddersand
Große Plate
Lütjesand
Land Würden
Dangast
Schweiburg
Wremen
Burhave
Tossens
Eckwarden
Rodenkirchen
Esenshamm
Abbehausen
Dedesdorf
Hammelwarden
Harrierwurp
Huntebrück
Moorriem
Jader Marsch
Sandstedt
Rechtenfleth
Osterstade
Mittelort
Neuenfelde
Huntorf
Schwei
Wulsdorf
58
72
106
94
Grüne Küstenstraße
Störtebekerstraße
Friesische Wehde

Infos

Wilhelmshaven 1

1853 kaufte Preußen dem Großherzogtum Oldenburg den Landzipfel Heppenser Huk ab, um dort einen Kriegshafen zu bauen. Obwohl im Zweiten Weltkrieg schwer zerstört, ist die lebhafte Hafenstadt (90 000 Einw.) wieder Marinebasis und zudem größter Tankerlöschplatz Deutschlands.

Sehenswert: Im Zentrum steht das Klinker-**Rathaus** mit 49 m hohem Turm (begehbar), das der Holsteiner Fritz Höger 1929 errichtete.

Museen: Am Wasser (Südstrand) ziehen das **Nationalparkzentrum Wattenmeerhaus** (April bis Okt. tgl. 10.00–18.00, Nov.–März Di.–So. 10.00–17.00 Uhr), das **Seewasseraquarium** (tgl. 10.00–18.00 Uhr), das **Marinemuseum** (April–Sept. tgl. 9.30–18.30, Okt.–März 10.00–17.00 Uhr), das völkerkundliche **Küstenmuseum** (April–Okt. tgl. 10.00–18.00, Nov.–März Di.–So. 10.00–17.00 Uhr) sowie der ›plastinierte Pottwal von Baltrum‹, ein komplett präparierter Meeressäuger (**wal. welten**; April–Okt. tgl. 10.00–18.00, Nov. bis März Di.–So. 10.00–17.00 Uhr) die Besucher an. Das **Weser-Feuerschiff ›Norderney‹** (1906) und der **Tonnenleger-Veteran ›Kapitän Meyer‹** am Bontekai sind zu besichtigen (auch Restaurants). Neue Attraktionen bündelt die **›Unterwasserstation Oceanis‹** am Bontekai (www.oceanis.de; Mitte März bis Mitte Nov. tgl. 10.00–18.00 Uhr), urspr. Teil der Weltausstellung 2000; Höhepunkt ist eine virtuelle Fahrstuhlfahrt auf 100 m Tiefe.

Umgebung: **Wasserschloss Gödens** (12 km südw.), ein prachtvoller Barockbau aus dem 17. Jh., ist nur von außen zu besichtigen.

ⓘ Tourist-Information, Ebertstraße 110, 26382 Wilhelmshaven, Tel. 04421/913000, Fax 04421/9130010, www.wilhelmshaven.de

Dangast 2

Das Seebad (seit 1797) mit grünem Ambiente ist traditioneller Künstlertreff.

Sehenswert: Das Haus des eigenwilligen Heimatmalers **Franz Radziwill** (1895–1983) kann besucht werden (Do.–Sa. 15.00–18.00, So. 11.00–18.00 Uhr). Der 4,5 t schwere Riesenphallus am Strand ist ein Aidsmahnmal. Im **Nationalparkhaus** (April–Okt. Di.–Fr. 10.00–12.00, 14.00–18.00, Sa. und So. 14.00–18.00 Uhr) gibt es Wattenmeer-Infos.

Aktivitäten: Dampferfahrten in den Jadebusen (u. a. zum Leuchtturm Arngast).

Veranstaltungen: Am **›Tag des Menschenmülls‹** (Kabarettgruppe) spritzt der Gubbel beim ›Wattgolfen‹ (Frühsommer) und Schlickschlittenrennen (Juli/Aug.) himmelhoch.

ⓘ Kurverwaltung Nordseebad Dangast, Am Alten Deich 4, 26316 Varel, Tel. 04451/911413, Fax 04451/911435, www.dangast.info

Varel 3

Varel war im 12. Jh. Residenz.

Sehenswert: Die imposante **Schlosskirche** (tgl. 11.00–16.00 Uhr) datiert von 1144. Interessant sind auch die **Windmühle** (39 m) von 1847, das (neuzeitliche) Glockenspiel und das **Heimatmuseum** (Mai–Okt. Do. und So. 10.00–12.00 Uhr). Im Hafen liegen aktive Kutter; dort ist auch das (nicht ganz ernste) **Spijöök-Museum** zu finden (Pfingsten–Sept. Sa. und So. 15.00–17.00 Uhr oder n. Vereinb., Tel. 04451/4488).

Umgebung: Der Tier- und Freizeitpark in **Jaderberg** (6 km südl.) besitzt den zweitgrößten Privatzoo Deutschlands und neuerdings auch Achterbahn und ähnlichen Rummel (März–Sept. tgl. 9.00–18.00, Okt. 10.00 bis 17.00 Uhr).

ⓘ Varel Touristik, Windallee 4, 26316 Varel, Tel. 04451/968432, Fax 04451/968436, www.varel.de

Butjadingen (Burhave) 4

Die Halbinsel ist so recht was für Marschfreunde, Radfahrer (keine Steigungen!) und Liebhaber alter Friesenkirchen. Weniger für Strandfreunde – die Küste besteht fast zur Gänze aus ›Grünstrand‹ und viel gesundem Schlick.

Sehenswert ist die Bartholomäus-Kirche (13. Jh.) in **Tossens** mit Münstermann-Altar von 1631. Eine alte Kirche (12. Jh., mit Schnitger-Orgel von 1650) hat auch **Langwarden**, außerdem schöne Dorfatmosphäre. **Fedderwardersiel** ist ein malerischer Fischereihafen mit mehreren (aktiven) Krabbenkuttern und hübschen alten Häusern. Dort auch ein Nationalparkhaus (von 1846) mit Meerwasseraquarium, Dioramen und Landschaftsmodellen (Lehrpfad im Außengroden). Die Kirche in **Burhave** mahnt per Gedenktafel: ›Bessre Dich in Zeiten, damit dein Untergang mag werden abgewant!‹.

Aktivitäten: **Vogelbeobachtung** und **Wattwandern** (empfehlenswert: nach den Robinson-Inselchen Langlütjensand I und II, Basis: Tettens), **Kuttertörns** und **Schiffstouren** ins Watt (MS ›Wega II‹, Fedderwardersiel), nach Bremerhaven, Wremen, dem Hoheweg-Leuchtturm und Seehundbänken. Auf Radfahre wartet ein beschildertes Wegenetz (Fahrradbus im Sommer).

Veranstaltung: **Kutterregatta** Fedderwardersiel im Juli (Mitfahrt Tel. 04733/351).

ⓘ Touristik Butjadingen, Am Deich 19, 26969 Butjadingen, Tel. 04733/574, Fax 04733/173474, www.touristik-butjadingen.de

Nordenham 5

Die junge Hafenstadt entstand, inmitten alter Friesensiedlungen, erst im Zeichen der Industrialisierung.

Sehenswert: Von der Stadtentwicklung erzählt das **Museum** (Di.–Sa. 14.00–17.00, So. auch 10.00–12.00 Uhr). Schön auch die **Moorseer Mühle** im Ortsteil Abbehausen (Sommer Mo.–Sa., Winter Mi., Do. und Sa.) und der **Fährbahnhof Blexen**.

ⓘ Touristik-Information, Marktplatz 7, 26954 Nordenham, Tel. 04731/93640, www.nordenham.de

Brake 6

Der Name der früher einmal bedeutenderen Stadt an der Unterweser weist auf einen Deichbruch hin. 1849 wurde sie Stützpunkt der ersten deutschen Kriegsflotte unter Admiral Brommy. Heute wichtiger Hafen für die Getreideeinfuhr.

Sehenswert: Die **Kaje** (alte Anlegestelle) mit dem **Telegraphen** (frühere Signalstation) ist Brakes bestes Stück. Im Telegraphen befindet sich ein Ableger des **Schifffahrtsmuseums** Breite Straße; in beiden Häusern Nautiquitäten (u. a. das zerschlagene Rettungsboot des 1957 gesunkenen Großseglers ›Pamir‹), Erinnerungen aus der Ära des Walfangs u.v.m. (Di.–Sa. 10,00–12.00, 14.00–17.00, So. 10.00–17.00 Uhr).

Aktivitäten: Im Sommer fährt von der Kaje eine Personenfähre zum Strandbad auf der **Weserinsel Harriersand**; sogar kleine Dünen gibt es dort.

ⓘ Tourist-Information, Kaje 6, 26919 Brake/Unterweser, Tel. 04401/19433, Fax 04401/936005, www.brake-touristinfo.de

Elsfleth 7

Das Städtchen an der Huntemündung gab es schon 1220. Die Oldenburger Grafen kassierten hier ab 1624 den Weserzoll, um den es ständig Auseinandersetzungen mit Bremen gab und der erst 1820 abgeschafft wurde. Heute haben mehrere Reedereien hier ihren Standort.

Sehenswert ist das **Segelschulschiff ›Großherzogin Elisabeth‹**, ein Dreimastschoner von 1909, und das **Huntesperrwerk** mit Jachthafen.

ⓘ Tourist-Information, An der Kaje, 26931 Elsfleth, Tel. 04404/989081, Fax 04404/989082, www.elsfleth.de

Maßstab 1:200.000 (0 2 4 6 8 10 km)

EWE

Eine Stadt mit Prädikat

Es gehört schon etwas dazu, den Titel ›Höchste Lebensqualität‹ zu erringen. Oldenburg erhielt ihn vor einer Anzahl von Jahren nach der Umfrage einer großen deutschen Zeitschrift. Seither hat sich der erste Platz ein paar Mal hin und her verlagert. Zur Oberklasse zählt Oldenburg aber weiterhin, denn das ›gewisse Flair‹ dieser Stadt lässt sich mit keinem anderen vergleichen. Und auch das ganze Umfeld nicht.

Architektonische Kontraste: die Oldenburger Schlosswache, dahinter die Türme der Lambertikirche.

▲ *Der Shantychor Benthullen-Harbern bringt Oldenburg ein Ständchen*

▲ *Treppenhaus im Oldenburger Schloss*

▼ *Die Gertrudenkapelle*

▲ Klare Linien: Staatsministerium … ▼ … und klassizistische Häuserzeile in der Huntestraße

Oldenburg, rund 155 000 Einwohner groß, kann außer hoher Lebensqualität noch mehr Herausragendes verzeichnen: 1989 wurde die Stadt nach einer Untersuchung des Verbands Junger Unternehmer zur ›unternehmerfreundlichsten der Republik‹ erklärt. Im selben Jahr folgte dann der Titel ›kinderfreundlichste Stadt Niedersachsens‹. Und mit 250 Kilometern Fahrradwegen im Stadtbereich besitzt Oldenburg eines der dichtesten Radwegenetze Norddeutschlands. Das alles kann sich sehen lassen!

Zum Auftakt eine Mahnung

Anno 1108 tauchte der Name ›Oldenburg‹ erstmals auf: in Verbindung mit Aalen aus dem Zwischenahner Meer. Die waren schon damals sehr geschätzt, und der Regent der ›Olde Borch‹ war deshalb von irgendwelchen fremden Herren in die Pflicht genommen worden, eine Quote dieser schmackhaften Fische abzuliefern. Das passte ihm aber nicht, und weil ihm die Aale selber mundeten, ignorierte er das Obligo. Offenbar war das erste Oldenburger Schriftstück also eine Mahnung. Es ist nicht überliefert, dass sie etwas bewirkte.

Stattdessen lässt sich von diesem Zeitpunkt an lokalgeschichtlich nachverfolgen, wie geradlinig sich die Oldenburger Eigenwilligkeit durch die Jahrhunderte fortsetzt. Sie gilt noch heute als regionales Charakteristikum. Und so viel steht fest: Wer es ablehnt, sich bevormunden zu lassen, und sei es nur wegen eines Sacks Aale, der hat sich schon mal eine gehörige Scheibe des guten Lebens gesichert. Und mitreden wird er auch. Zum Beispiel bei der Frage:

Uni oder nicht?

1974 wurde Oldenburg Universitätsstadt. Man hat diesen Umbruch in der Entwicklungsgeschichte Oldenburgs gelegentlich mit den Geschehnissen in der Stadt Celle um 1730 verglichen. Dort stellte sich den Bürgern nämlich die Frage, ob sie lieber eine Universität oder ein Zuchthaus haben wollten, um ihre Infrastruktur zu verbessern. Die Celler entschieden sich für den Knast, denn der, befanden sie, sorge im Gegensatz zu einer betriebsamen Hochschule eher für Ruhe. Der Zuschlag für den Uni-Standort ging nach Göttingen.

▲ Die Bergstraße ist einer der schönsten Winkel Oldenburgs

▼ Die Carl-von-Ossietzky-Universität besteht seit 1974

▲ Außer Betrieb: Oldenburgs Pulverturm ▼ Oldtimer am Hafen

▼ Gut geeignet als Startpunkt für Touren auf Hunte und Küstenkanal: Jachthafen am Stau

Die Ansiedlung der Carl-von-Ossietzky-Universität in Oldenburg wurde mit ähnlich gemischten Gefühlen betrachtet; man sprach von einem ›Celler Problem‹. Allein die Namensgebung zog wütende Konflikte nach sich, die erst 1991 endeten. Auch wirkten die unruhigen 1968er-Jahre nach. Die Bürgerschaft reagierte mit zögerlicher Akzeptanz; noch heute kann von ›Feuer und Flamme‹ nicht die Rede sein. Gleichwohl gilt die Uni als regionaler Hoffnungsträger. Und als Reservoir für dringend benötigten akademischen Nachwuchs im deutschen Nordwesten.

›Zusammen genommen stellen Studierende und Beschäftigte heute die größte Wirtschaftskraft der Region dar‹, heißt es offiziell – bei Landeszuwendungen von jährlich etwa 80 Millionen Euro natürlich eine etwas doppeldeutige Aussage. Dafür hat man in Lehre und Forschung aber auch einiges vorzuzeigen, und das auf internationalem Niveau. Oldenburger Wissenschaftler halfen zum Beispiel bei der Entwicklung eines Laserverfahrens, um die Bemalung der 7000-köpfigen Terrakotta-Armee in China zu bewahren. Im Bereich von Hochleistungsrechnern tun sich Informatiker der Uni führend hervor. Meereskunde sowie Energie- und Umweltforschung sind ebenfalls wichtige Posten im Oldenburger Curriculum, und auch die Ausbildung von Pädagogen, aufbauend auf einer immerhin 200-jährigen Tradition, darf nicht vergessen werden: Etwa ein Viertel der über 12 000 in Oldenburg Studierenden strebt einen Abschluss in einem Lehramt an.

›Gute Stube des Ammerlands‹

Diese schmeichelhafte Bezeichnung gilt dem gleich nördlich von Oldenburg gelegenen Luftkurort Rastede. Seit es im 11. Jahrhundert gegründet wurde, erhielt das Städtchen immer wieder Lobpreisungen dieser Art. Der aus dem schwedischen Uppsala vertriebene Bischof Siward erwählte das Kloster Rastede ›wegen der anmutigen Lage des Ortes‹ zu seiner neuen Wirkungsstätte – anno 1130! ›Für allen Winkeln in der Welt / ist Rastett, der mir wohlgefällt!‹ rühmte der Pastor Fabricius das ›lob- und liebwerte Rastede‹ im Jahr 1675.

▲ *Die Rasteder Ulrichskirche – hier die romanische Krypta – ist fast tausend Jahre alt*

▲ *Schloss und Park in Rastede*

▲ *Mustergültiges Bauernhaus: Brötje-Hof in Rastede*

▼ *In der Storchenpflegestation Berne-Glüsing bei Hude*

Zuvor hatte der legendäre Graf Anton Günther Rastede zu seinem Liebesnest auserkoren. In Gesellschaft der österreichischen Baronesse Elisabeth von Ungnad verbrachte er dort manche schöne Stunde – mit dem Resultat, dass am 1. Februar 1633 ein Sohn geboren wurde: Anton von Aldenburg.

Geheiratet hat der Graf die ihm und seinen Oldenburgern unstandesgemäß erscheinende Gespielin allerdings nicht. Sie und der Sohn wurden ›abgefunden‹, und Anton Günther vermählte sich 1635, 51-jährig, mit der erst 18 Jahre alten Prinzessin Sophia Katharina von Holstein-Sonderburg. 1643 ließ er sich alsdann das prächtige ›Lusthaus Rastett‹ – wie das Schloss damals hieß – bauen, um den Ruf der guten Stube wieder herzustellen. Und ›Elisabeth von Ungnad‹ ist heute ein bekanntes Theaterstück, das vor allem im Repertoire der Niederdeutschen Bühne seinen Platz hat.

▼ *In der Huder Klosterschmiede geht es zu wie anno dazumal*

Ausgleichende Gerechtigkeit

Hude gilt unter Kennern als kleiner Geheimtipp. Womöglich vermitteln die Geschehnisse in alter Zeit dem Städtchen immer noch eine Aura, die anzieht. Ein Hauch des Geheimnisvollen umwebt jedenfalls die Ruinen des Klosters, das 1232 Zisterziensermönche aus dem Raum Helmstedt dort in die Wald- und Heidelandschaft gebaut hatten. Dabei waren ihnen die Oldenburger Grafen behilflich gewesen, und an Geld mangelte es auch nicht. 1234 hatte, wie vorerwähnt, ein Heer von ›Kreuzfahrern‹ die Stedinger Bauern geschlagen, und die Verlierer wurden über die Niederlage hinaus kräftig zur Kasse gebeten. Für die Mönche, die natürlich mit auf der ›richtigen Seite‹ gestanden hatten, fiel ein namhafter Batzen dabei ab.

Doch 300 Jahre später wendete sich das Blatt, und die Bauern holten sich alles wieder. Das Kloster wurde aufgelöst und zum Abriss freigegeben, eine Ruine blieb zurück. Dennoch zählen diese wenigen Fragmente heute zu den größten Kostbarkeiten mittelalterlicher Ordensbaukunst auf deutschem Boden. Lange Zeit lockten sie romantische Maler und Dichter an – und heute die Touristen.

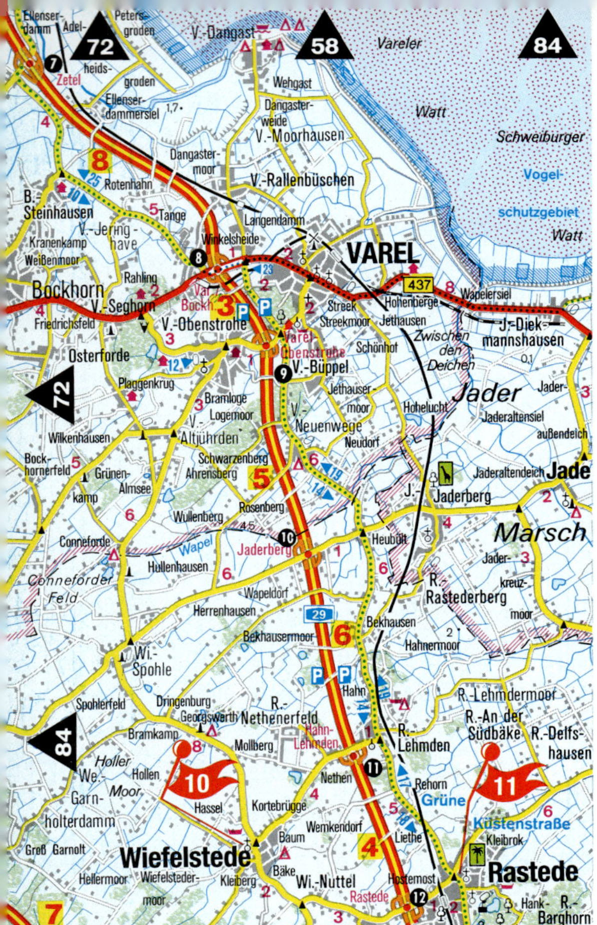
72
58
84
VAREL
Varel
Schweiburger Watt
Vogelschutzgebiet
Watt
Bockhorn
Steinhausen
Zetel
Osterforde
Jader Marsch
Jade
Jaderberg
Rastederberg
Lehmden
Nethen
Wiefelstede
Rastede
Grüne Küstenstraße
Dangast
Obenstrohe
Büppel
10
11

Oldenburg
Hauptbahnhof
Eversten-Holz
Schlossgarten
Staatstheater
Schloss
Dobben
Donnerschweer
Ofener Str.
Hauptstr.
Gartenstr.
Cloppenburger Str.
Stedinger Str.
Hunte
Küstenkanal
Stadion
Freibad Hunte
AS-O.-Haarentor
AS-O.-Eversten
AS-O.-Marschweg
401
28
E22

Bad Zwischenahn
OLDENBURG
Wiefelstede
Rastede
Schwanewede
Lemwerder
Berne
Hude (Oldenburg)
DELMENHORST
Ganderkesee
Wardenburg
Großenkneten
Dötlingen
Garrel
Moorriem
Stedingen
Hatten
Hasbruch
Grüne Küstenstraße
Hunte
Ammerländer Bauernhaus
Zwischenahner Meer
106
12
13
14
15

Oldenburg (1)–(9)

Die Stadt (158 000 Einw.) am Zusammenfluss von Hunte und Haaren ist eines der wirtschaftlichen und kulturellen Zentren Nordwestdeutschlands. Seit 1974 ist sie Universitätsstadt und heute ein Eckpfeiler für Wissenschafts- und Wirtschaftsförderung
1108 erste Erwähnung der Burg als Stammsitz der Grafen des Ammerlands, 1345 Stadtrecht. Unter Graf Anton Günther (1583–1667) hohe Blüte, unter anderem, weil es dem Regenten gelang, mittels gezielter Geschenke edler Pferde den Dreißigjährigen Krieg fern zu halten. 1676 zerstörte ein Großfeuer die Stadt; zu diesem Zeitpunkt war Oldenburg bereits dänisch und blieb es bis 1773. Die Weltkriege des 20. Jh. überstand Oldenburg relativ unbeschadet.

Sehenswert: Die Fußgängerzone weist zahlreiche alte Baulichkeiten auf, darunter **Altes Rathaus** (1) (1685), Degode-Haus (1502), ein Bürgerhaus von 1662, Lappan-Turm (1468) und Lambertikirche (urspr. 13. Jh.). Die **Gertrudenkapelle** (2) (Alexander-/Nadorster Straße) besticht durch über 600 Jahre alte Deckenfresken. Im **Großherzoglichen Schloss** (3) (1607–1615), architektonischer Höhepunkt Oldenburgs, befindet sich das Landesmuseum. Die Schlosswache ist von 1838, benachbart eine historische Häuserzeile; hier erfand der Buchhändler August Schwarz 1870 die Ansichtskarte. Erholung bieten der **Schlossgarten** (4), die klassizistischen Wallanlagen und der **Botanische Garten** (5). Am Stau liegt der **Binnenhafen** (9) mit altem Kran; ab hier reizvolle Spaziergänge an Hunte und Küstenkanal.

Museen: Das **Landesmuseum** im Schloss bietet Kunst- und Kulturgeschichte (Di.–Fr. 9.00 bis 17.00, Do. 9.00–20.00, Sa. und So. 10.00 bis 17.00 Uhr) und eine Gemäldesammlung im Augusteum (Di.–Fr. 14.00–17.00, Sa. und So. 11.00–17.00 Uhr). Außerdem das **Landesmuseum für Natur und Mensch** (Di.–Do. 9.00–17.00, Fr. 9.00–15.00, Sa. und So. 10.00–17.00 Uhr), das **Stadtmuseum** (6) mit Kunstausstellung (Di.–So. 10.00–18.00 Uhr), das **Horst-Janssen-Museum** (Di.–So. 10.00 bis 18.00 Uhr) und das **Edith-Ruß-Haus** für Medienkunst (Di.–Fr. 14.00–17.00, Sa. und So. 11.00–17.00 Uhr).

Veranstaltungen: Einen exzellenten Ruf hat das **Staatstheater** (7); Veranstaltungen aller Art bietet die **Weser-Ems-Halle** (8). Im Aug. ist **Oldenburger Kultursommer** mit Töpfermarkt (Aug.). Zu den größten Volksfesten gehört der **Kramermarkt** (Sept./Anf. Okt.).

ⓘ Verkehrsverein, Kleine Kirchenstraße 10, 26122 Oldenburg, Tel. 01805/938333 (kostenpflichtig), www.oldenburg.de

Wiefelstede (10)

Das einstige Bauerndorf gehörte im frühen Mittelalter zur Diözese Bremen. Der Ort gilt heute als gelungene Symbiose aus altem Dorf und moderner Kleinstadt.

Sehenswert: Die **Johanneskirche**, 1057 gegr., ist die älteste im Ammerland; frei stehend der Glockenturm, innen ein kostbarer Flügelaltar, roman. Triumphkreuz und Christian-Vater-Barockorgel. Im **Haus von Wedel** (Heimatmuseum) Ausstellungen alten Handwerks (Mi., Sa. und So. 16.00–18.00 Uhr). Eine **Wallringanlage** von 800 mit historischem Burgplatz im Ortsteil Bokel.

ⓘ Touristikverein, 26215 Wiefelstede, Kleiberg 10, Tel. 04402/96901, Fax 04402/695814, www.touristik-wiefelstede.de

Rastede (11)

Der Ortsname bedeutet Rodungs- und nicht etwa Rast-Stätte. Ab dem 14. Jh. Sitz eines Benediktinerklosters, das jedoch verfiel und dem Grafenschloss Platz machte. Heute hat Rastede Luftkurortstatus.

Sehenswert ist die **St.-Ulrich-Kirche** von 1059 mit frei stehendem Glockenturm von 1460, Taufstein von 1250, Kanzel von 1612, Barock-Altar von 1636 (ungewöhnlich für die Zeit: von einer Frau geschaffen) und dreischiffiger Krypta. Im Turmraum der eindrucksvolle Sarkophagdeckel des Grafen Moritz (gest. 1420). Das **Schloss** (1643; Ende 18. Jh. umgestaltet, mit zwei Sphingen am Eingang) steht neben dem Gestüt von 1619. Im Schlosspark 200-jährige Rhododendren; gegenüber im **Palais** (1800) Kunstausstellungen und Theater (Mo.–Fr. 9.00–12.00, Sa. und So. 15.00 bis 18.00 Uhr). Ein **Bauernmuseum** ist ›Jan Pastor sin Hus‹ (März–Okt. Fr., So. 14.00 bis 18.00 Uhr).

ⓘ Tourist-Information Rastede, Kleibroker Straße 1, 26180 Rastede, Tel. 04402/939823, Fax 04402/939833, www.rastede.de

Hatten (12)

Schon früh müssen hier gute Lebensbedingungen geherrscht haben: Hünengräber und ein Ortsname wie Dingstede (Thingstätte) deuten auf steinzeitliche Besiedlung. Hatten besteht aus mehreren Ortschaften, die sich um den Kern Kirchhatten gruppieren.

Sehenswert sind das Hünengrab in **Sandhatten**, die Kirche St. Ansgar und St. Secundus (13. Jh.) in **Kirchhatten**, die Thingstätte (Nachbildung) und ein Druckereimuseum in **Sandkrug** (Mo.–Do. 10.00–13.00 und 15.00 bis 18.00, So. 14.00–18.00 Uhr). ›Höhepunkt‹ der schönen Umgebung ist der 23 m hohe Gierenberg in den Osenbergen. Im Hatter Holz gibt es eine Reiherkolonie.

ⓘ Gemeinde, Hauptstraße 21, 26209 Hatten-Kirchhatten, Tel. 04482/9220, Fax 04482/922239, www.hatten.de

Hude (13)

Der Name des Städtchens weist auf eine Hütestelle (im Wald) hin.

Sehenswert: 1232 entstand das **Zisterzienserkloster**, dessen Ruine eine Attraktion der Region ist (Mai–Sept. Sa. und So. 15.00 bis 17.00 Uhr; Torkapelle St. Elisabeth mit Schnitzaltar und Fresken tgl. geöffnet). Erhalten sind auch **Klostermühle** (heute Galerie), **Brau-** und **Abthaus**, wieder aktiv ist die **Klosterschmiede**. Das Vielstedter Bauernhaus ist **Heimatmuseum** (Fr.–Mi. 15.00 bis 18.00 Uhr).

Umgebung: Waldgebiet **Hasbruch** mit uralten Eichen und Planetenlehrpfad (6 km) von Wüsting nach Hude. 8 km nördl. **Berne** mit Münstermann-Altar in der Kirche und Storchenpflegestation im Ortsteil **Glüsing**.

ⓘ Touristik-Palette Hude, Parkstraße 106, 27798 Hude, Tel. 04408/8090950, Fax 04408/8090959, www.gastinhude.de

Ganderkesee (14)

›Gandrikesarde‹, bereits 860 in der Vita des hl. Willehad erwähnt, war dank seiner Nähe zu Bremen früh ein zentraler Marktort.

Sehenswert: Die **Gaukirche** St. Cyprian und St. Cornelius (1052) mit Arp-Schnitger-Orgel von 1699 ist Wahrzeichen des Orts. **Heimatmuseum** ist die ›Alte Tischlerei‹ (Mo.–Fr. 14.00–18.00, Sa. und So. 11.00–17.00 Uhr).

Veranstaltung: Der **›Fasching um den Ring‹** am Wochenende vor Rosenmontag.

ⓘ Touristik-Information, Rathausstraße 24, 27777 Ganderkesee, Tel. 04222/44445, www.ganderkesee.de

Dötlingen (15)

Vor dem Ersten Weltkrieg nahm Dötlingen einen ähnlichen Rang ein wie das Künstlerdorf Worpswede.

Sehenswert sind **Firminiuskirche** (12. Jh.), 1000-jährige Dorfeiche, Wildpark, Märchenwald (Ortsteil Ostrittrum) und die Hünengräber in der Umgebung.

ⓘ Gemeindeverwaltung, Hauptstraße 26, 27801 Dötlingen-Neerstedt, Tel. 04432/ 9500, Fax 04432/950100, www.doetlingen.de

Maßstab 1:200.000
0 2 4 6 8 10km

Da, wo das Moor beginnt

Ein niedriges, nasses Terrain nannte man früher ein Ammerland. Dieses Land zwischen den Auen heißt auf Ammerländisch ›Zwischenahn‹. Fehntjer sind Moorkolonisten. Ein Howieker Inhanger ist etwas ganz Spezielles, aber dazu später mehr. Fehlt nur noch eine (saterländische) Sprachinsel – auch darauf muss man nicht verzichten. Zwischen Oldenburg und Leer gerät man in eigenartige Gefilde – die aber zu den reizvollsten Norddeutschlands zählen.

Kanäle, Zugbrücken, eine hölzerne Tjalk – früher Alltag im Nordwesten, heute nur noch in Schiffsmuseen wie in Westrhauderfehn.

▼ *Vom Landleben, wie es früher war ...* ▲ *... erzählt man im Doppelhaus ›Dweersack‹ im Freilichtmuseum Bad Zwischenahn*

▲ *In der Aalräucherei Rabben in Dreibergen*

▲ Frei stehender Glockenturm: St. Johannes in Bad Zwischenahn ▼ Auf dem Zwischenahner Meer

Ein ›Meer‹ ist im Nordwestdeutschen – und in Holland – ein Binnensee. So auch das Zwischenahner Meer, das wie ein grünes Juwel mitten im Ammerland die Topografie dominiert und zu den schönsten Seen der an Gewässern ja nicht armen Norddeutschen Tiefebene zählt. 526 Hektar groß und nur ein paar Meter tief, ist dieser urige Teich mit seinen schilfreichen Ufern ein perfektes Refugium für Fisch, Frosch und Vogel.

Von Meer zu Meer

Wichtigster Vertreter der Fischwelt in diesem ›Meer‹ ist der Aal. In Norddeutschland gilt der schlangenartige Fisch als Delikatesse, und die Region Bad Zwischenahn ist berühmt für geräucherte ›Smotaale‹, die man – gastronomisch korrekt – aus der goldbraunen Haut pellt und aus der nackten Faust vertilgt. Und nicht erschrecken, wenn einem der Ober anschließend Schnaps über die Hände gießt, das entfernt den Aalgeruch. Und innerlich wird mit dem ›Ammerländer Löffeltrunk‹ deodoriert – der hat es in sich ...

Gleichzeitig kann man sich ein wenig in die Geheimnisse des Aals einweihen lassen. Ganz aus dem fernen Sargasso-Meer kommt der schlanke Fisch, und sofern man ihn nicht dem Rauch zuführt, kehrt er dorthin auch zurück. Aber selbst die Wissenschaft weiß noch längst nicht alles über diesen mysteriösen Zyklus, der mitten im großen Weltmeer beginnt und dort nach einem Intermezzo in Europas Flüssen und Seen normalerweise wieder endet. Die Gourmets ficht es nicht an – Aal schmeckt lecker, so oder so.

Die Wiege der Ostfriesenwitze

Warum essen Ostfriesen keine Brezeln? Weil sie den Knoten nicht aufbekommen. Wann kauft sich der Ostfriese einen neuen Computer? Wenn der Bildschirm mit Tipp-Ex vollgekleistert ist. Einst schwappte die Welle der Ostfriesenwitze über ganz Deutschland hinweg, und alles lachte über die vermeintlich tumben Hinterdeichler. Dabei entbehrten die Schwänke, wie es ja immer bei ethnischen Frotzeleien der Fall ist, jeder Grundlage. Aber es liest sich interessant, wie sie überhaupt entstanden sind.

▲ Auch in Westerstede steht der Glockenturm ein gutes Stück von der Kirche entfernt

▼ Bei Westerstede wird im Frühsommer Spargel gestochen

▲ Bei Kreke in Ocholt: Die Schafherde will gut versorgt sein – ... ▼ ... für den leckeren Käse

▲ Das Behlen-Museum in Westerstede zeigt Landleben von einst ▼ Rhododendron in Linswege

Geboren wurden die Witze in Westerstede, Hauptstadt des Ammerlandes. Ihre Wiege stand 1969 im dortigen Gymnasium. Da Ostfriesland gleich nebenan liegt, besuchten auch Gymnasiasten von dort die höhere Schule in Westerstede. Man trug ihnen nicht nach, dass ihre Vorväter zusammen mit den Münsterländern die Stadt 1457, 1470, 1473 und 1530 niedergebrannt und sich überhaupt recht rüde aufgeführt hatten. (1457 kam es bei Fikensolt zur Schlacht zwischen Ostfriesen und Ammerländern, wobei die Invasoren gewaltig ›wat up't Jack‹ erhielten.) Doch die Gastschüler waren oft Zielscheibe gutartiger Neckereien: ›Ostfriesen raus zum Grasen!‹ hieß es beispielsweise in den Pausen. Niemand nahm Anstoß daran, denn die Ostfriesen können nicht nur über sich selbst lachen, sie zahlten auch mit gleicher Münze zurück.

Und irgendwie trafen die Blödeleien den Nerv der Zeit. Sie verbreiteten sich explosionsartig; sogar in der ›New York Times‹ wurde über die Albereien berichtet. Und letztlich war es ausgerechnet Otto Waalkes, der zu ihrem Ende beitrug – indem er sich selbst gelungen als Ostfriesenwitz in Szene setzte und den Spöttern damit den Wind aus den Segeln nahm. Seither hört man ›O-Witze‹ kaum noch. Außer, in lau aufgewärmter Auflage, im Internet.

Howieker Spaßgesellschaft

Witzbolde, wohin man blickt. Auch das Dörfchen Howiek bei Ocholt hat im Ammerland ein wenig den Rang eines Schilda. In den Annalen des 1581 gegründeten Ortes kann man zum Beispiel nachverfolgen, wie die wackeren Howieker auf dem höchsten Punkt des Geländes eine Wassermühle bauten. Wie sie ein wichtiges Objekt im Zwischenahner Meer versenkten und die Stelle mit einer Kerbe im Bootsrand markierten. Wie sie einen Brunnen gruben und ein weiteres Loch buddelten, um den Aushub unterzubringen. Wie sie die Tiefe des Brunnens ausmaßen, indem sich alle Mannen des Dorfes aneinander hängten – bis der oberste das Bedürfnis verspürte, sich für einen besseren Halt in die Hände zu spucken ... Bleibt nur noch das Rätsel des legendären ›Howieker Inhangers‹ zu lösen. Es handelte sich um einen dorfeigenen

▲ Für festen Stand: Torfstecher-Schuhwerk im Fehnmuseum Westrhauderfehn

▼ Evangelisten an der Kanzel: Schnitzkunst in Apens Nikolaikirche

▼ Aufzug der Schützen: Höhepunkt des Festjahres auch in Augustfehn

▲ *Bahnhof von Augustfehn*

▼ *Die Hahnentanger Mühle in Rhauderfehn funktioniert noch*

Schinkenknochen, der bei besonderen Anlässen von Haus zu Haus gereicht und in die Essenstöpfe ›eingehängt‹ wurde, um den Mahlzeiten Substanz zu geben.

Die alte Wassermühle existiert übrigens noch, und ganz oben auf dem Hügel steht sie auch nicht. Da haben die Howieker Spaßvögel nämlich 'n büschen was dazu gedichtet.

SPECIAL

Wie Fehndörfer entstanden

Während des Dreißigjährigen Krieges geriet die Versorgung Ostfrieslands mit Torf, dem gängigen Brennmaterial, ins Stocken. Torf war bis dahin aus Holland gekommen, doch die Verbindungswege waren durch die Kriegswirren unterbrochen. 1633 verfielen Emder Kaufleute deshalb auf die Idee, dass man ja auch die eigenen Moore abtorfen könne. Noch im Krieg wurde das Projekt in Angriff genommen. Man besorgte sich eine Konzession, stach einen schnurgeraden Kanal aus und ließ Kolonisten, an denen in dem durch den Krieg verarmten Land kein Mangel war, den knüppelharten Abbau verrichten. Doch erst unter Friedrich dem Großen ging es richtig los, 1765. Der ›Alte Fritz‹ hatte sich die ›Urbarmachung‹ der Moore aufs Banner geschrieben und schickte weitere Scharen von Elendsgestalten in die Sümpfe. So entstanden die Fehndörfer, deren Existenz und Lage kurios anmutet und die zum Teil Einblicke in schwere Zeiten bieten. Denn so anheimelnd sie jetzt aussehen mögen: Das Leben in diesen Moorkolonien war trotz Vergünstigungen – Glaubensfreiheit an erster Stelle – von bitterster Härte: den ersten der Tod, den zweiten die Not, den dritten das Brot, so hieß es ... Und die ›Fehntjer‹, wie ihre Protagonisten heißen, galten in Ostfriesland stets als fünftes Rad am Wagen, bettelarm und verachtet.

Ein einziger großer Park

Das Ammerland, obwohl ebenfalls überwiegend niedrig-nass wie die benachbarten ostfriesischen Moore, blieb von den dortigen Nöten weitgehend verschont. Denn die Geologie ist hier ein wenig anders, und die politischen Verhältnisse waren es auch immer schon. Gegen die finster dräuenden Moorgebiete setzte das Ammerland lieb-

▲ *Saterländer Stillleben: Ebkenssche Mühle in Barßel*

▲ *Müller Ebkens prüft die Mechanik*

▼ *Im Nordloher Tief*

▲ *Museumsbahn Ammerland–Saterland* ▼ *Lustiger Haufen: Howieker Heimattanzgruppe*

liche Seen und Auen, ruhige Flüsschen und anmutige Dörfer. Heute hat der Landkreis nordwestlich von Oldenburg, dem das Ammerland jahrhundertelang politisch angehörte, den Ruf, ein einziger riesiger Park zu sein. Kein Wunder – die Idee der Baumschule entstand in dieser Region.

In der Tat findet man nur selten in Deutschland mehr Baumschulen und urige Wallhecken, nirgendwo sonst kann man sich dem Farbenrausch hektargroßer Rhododendronflächen hingeben. Die exotische Pflanze wurde zu Beginn des 19. Jahrhunderts aus China eingeführt und gedieh in der neuen Heimat auf Anhieb prächtig. Ausgedehnte Plantagen befinden sich in Linswege, Petersfeld und Gristede; in der Versuchsanstalt Rostrup sind über 2000 Arten aus aller Welt angesiedelt. Bewunderer – am besten zur Blüte Mitte Mai bis Mitte Juni – sind herzlich willkommen.

Europas kleinste Sprachinsel

Unter diesem Titel hat das im Dreieck Leer-Oldenburg-Cloppenburg gelegene Saterland sogar Eingang ins Guinness-Buch der Rekorde gefunden. Denn in diesem Miniland sprechen nur noch etwa 1600 Menschen das uralte Saterfriesisch (›Seeltersk‹), so wie es im 11. und 12. Jahrhundert in Gebrauch war, als von Sturmfluten vertriebene Küstenfriesen den eher kargen Geeststreifen besiedelten. Von Hochmooren umgeben, blieb das Saterland jahrhundertelang abgeschlossen und nahm nur gelegentlich Anteil an ostfriesischen Belangen. Eine zögernde Öffnung gab es erst im 19. Jahrhundert, sie führte dazu, dass die alte Sprache zunehmend in Vergessenheit geriet.

Dass sie nicht endgültig ausstarb, ist Heimatfreunden und, kurioserweise, einem afroamerikanischen Linguisten zu verdanken. Dr. Marron C. Fort von der Uni Oldenburg ist Spezialist für niederdeutsche Mundarten und weltweit die einzige Koryphäe auf dem Gebiet des Saterfriesischen – was gar nicht mal so abwegig ist, denn Seeltersk ist dem Englischen weitaus näher als dem Deutschen. Möchte jemand mehr über diese urige Sprache erfahren? Via eMail gibt Professor Fort Auskunft; man schreibe an fort@bis.uni-oldenburg.de.

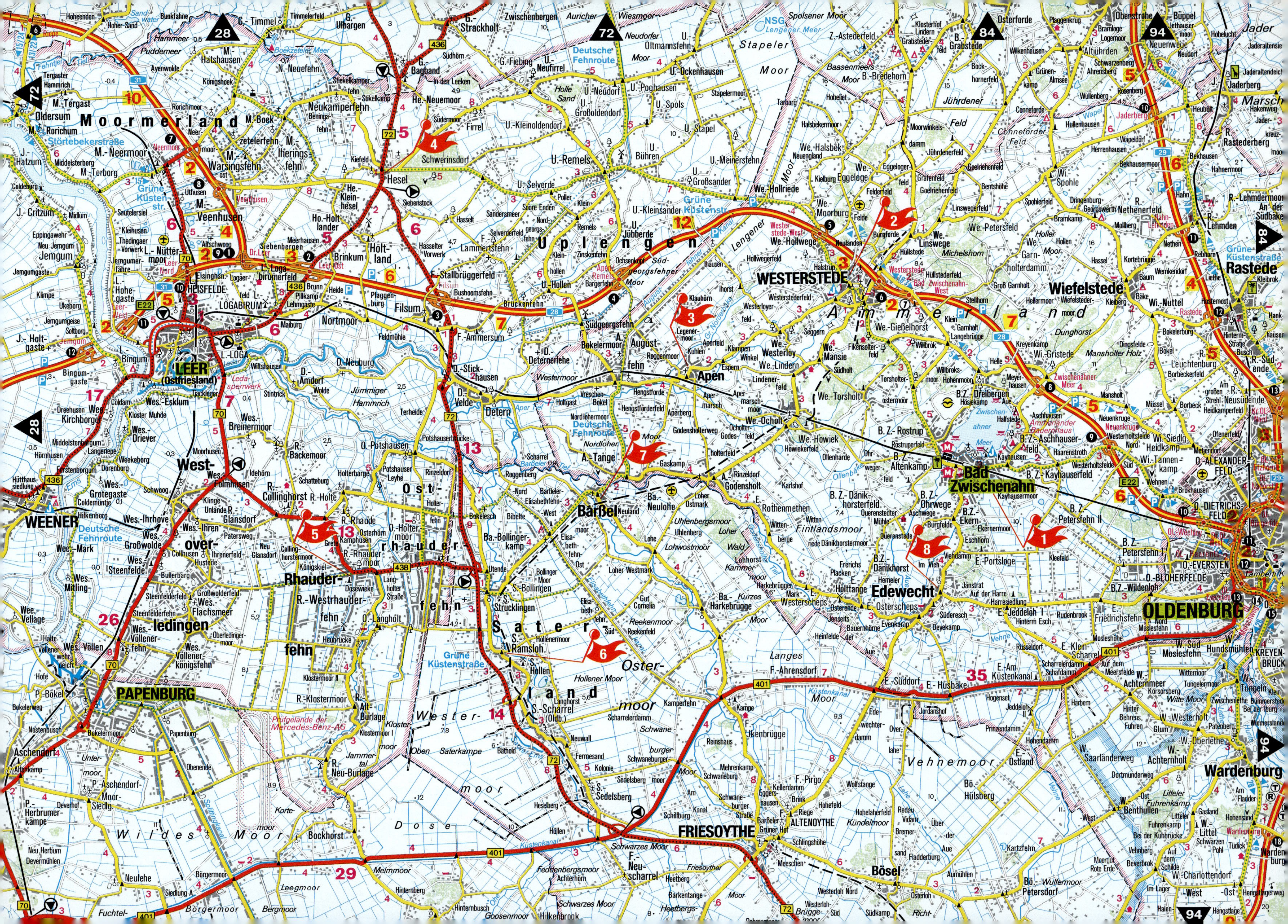

Moormerland
LEER (Ostfriesland)
WEENER
PAPENBURG
Westoverledingen
Rhauderfehn
Ostrhauderfehn
Saterland
Barßel
FRIESOYTHE
Uplengen
WESTERSTEDE
Apen
Bad Zwischenahn
Edewecht
Wiefelstede
Rastede
OLDENBURG
Wardenburg
Bösel
Vehnemoor
Deutsche Fehnroute
Grüne Küstenstraße

DATEN UND FAKTEN

- **Landesnatur:** Mit Ausnahme einiger Erhebungen mit schwindelnden Höhen von bis zu 20 m sind die in diesem Band behandelten Landschaften flach. Sie bestehen aus seenaher Marsch, ausgedehnten Mooren und sandiger Geest. Da dieses flache Land zu großen Teilen fast auf einem Niveau mit dem Meeresspiegel liegt, streckenweise sogar darunter, wird es gegen den Ansturm der See mit einem Deich geschützt. Ausgenommen davon sind lediglich die Seeseiten der Inseln, die überall ein Dünenkranz sichert.
- **Bevölkerung:** Deutschlands Nordwestecke ist rustikal und die in ihr lebenden Menschen bodenständig. Auf dem Land – und das ist fast überall – wird weiterhin viel Plattdeutsch gesprochen, das sich zwischen Ostfriesland und Oldenburg nur geringfügig unterscheidet. Beide lieben heiß und innig den grünen Kohl, aber nur die Ostfriesen treiben mit dem Teegenuss einen wahren Kult ... Größter Ort ist Oldenburg mit 158 000 Einw., gefolgt von Wilhelmshaven (90 000), Emden (51 000), Aurich (37 000), Papenburg (34 000), Leer (33 000) und Norden (27 000).
- **Wirtschaft:** Der weitaus größte Teil der regionalen Ökonomie basiert auf Landwirtschaft (Vieh- und Pferdezucht, Geflügelhaltung), dazu gesellt sich Fischerei. Auf den Inseln und entlang der Küste trägt der Fremdenverkehr zum Umsatz bei und in den Häfen natürlich die Hafenwirtschaft. Die Industrialisierung des Weser-Ems-Raumes ist demgegenüber relativ gering. In Oldenburg finden 85 % der 98 000 Beschäftigten ihren Arbeitsplatz im Dienstleistungssektor. Emden hat das VW-Werk, und Airbus beschäftigt an drei Standorten immerhin 11 000 Menschen. Wilhelmshaven krankt an hoher Arbeitslosigkeit; Besserung erhofft man sich vom geplanten Jade-Weser-Port – obwohl Containerterminals nicht gerade für Personalintensität bekannt sind.

HOTELS (EINE AUSWAHL)

Von Varta-Experten geprüft; weitere Adressen im ›Varta-Führer‹ (im Buchhandel erhältlich).

Preise:

€€€€	Doppelzimmer	über 200 €
€€€	Doppelzimmer	150–200 €
€€	Doppelzimmer	100–150 €
€	Doppelzimmer	50–100 €

Apen: € **Hotel Bucksande,** Bucksande 1, 26689 Apen-Bucksande, Tel. 04499/1530, Fax 04499/7171. Sauna, Solarium; 24 Zimmer.

Aurich: €€ **Köhlers Forsthaus,** Hoheberger Weg 192, 26605 Aurich-Wallinghausen, Tel. 04941/17920, Fax 04941/179217. Hotelbar, Behindertengerechte Einrichtung, Fahrradverleih, Reiten, Sauna, Hallenbad; 50 Zimmer.

€ **Landgasthof Alte Post,** Esenser Straße 299, 26607 Aurich-Ogenbargen, Tel. 04947/1212, Fax 04947/1404. Fitnessraum, Fahrradverleih; 127 Zimmer.

Bad Zwischenahn: €€ **Seeschlösschen Dreibergen,** Dreibergerstraße 21–23, 26160 Bad Zwischenahn/Dreibergen, Tel. 04403/9870, Fax 04403/987155. Fitnessraum, Fahrradverleih, Sauna, Solarium, Bäderabteilung Oasis; 60 Zimmer.

€ **Flair Hotel Hubertus,** Hauptstraße 32, 26160 Bad Zwischenahn-Dänikhorst, Tel. 04403/93520, Fax 04403/935250. Fahrrad-, Bootsverleih, Reiten, Hallenbad, Tennisplätze, Sauna; 30 Zimmer, 5 Suiten.

Borkum: €€€/€€ **Nordsee-Hotel,** Bubertstraße 9, 26757 Borkum, Tel. 04922/3080, Fax 04922/308113. Parkplätze, 6 Tennisplätze, Fahrradverleih, Reitmöglichkeit, Strandbad, Sauna, Solarium, Hallenbad; 83 Zimmer, 7 Suiten.

Butjadingen: €€ **Sea Spirit from Center Parcs,** Strandallee 36 a, 26969 Butjadingen-Tossens, Tel. 04736/9280, Fax 04736/928428. Hunde erlaubt, Fitnessraum, Kegel-, Bowlingbahnen, Reiten, Hallen- und Strandbad; 75 Zimmer, 144 App.

Esens-Bensersiel: € **Störtebeker Garni,** Am Wattenmeer 4, 26427 Esens-Bensersiel-Bensersiel, Tel. 04971/91900, Fax 04971/919055. Parkplätze, Sauna, Solarium; 32 Zimmer.

Ganderkesee/Stenum: € **Backenköhler Landidyll,** Dorfring 40, 27777 Ganderkesee/Stenum, Tel. 04223/730, Fax 04223/8604. Behindertengerecht, Kegelbahnen, Sauna, Solarium; 48 Zimmer.

Jever: € **Hotel Friesen Garni,** Harlinger Weg 1, 26441 Jever, Tel. 04461/9340, Fax 04461/934111. Parkplätze; 36 Zimmer.

Juist: €€€€ **Hotel Achterdiek,** Wilhelmstraße 36, 26571 Juist, Tel. 04935/8040, Fax 04935/1754. Fitnessraum, Sauna, Solarium, Hallenbad; 48 Zimmer, 13 App., 4 Suiten.

Langeoog: €€/€ **Hotel Flörke,** Hauptstraße 17, 26465 Langeoog, Tel. 04972/92200, Fax 04972/1690. Fahrradverleih, Sauna, Solarium; 46 Zimmer, 4 Suiten.

Norderney: €€€/€€ **Strandhotel an der Georgshöhe,** Kaiserstraße 24, 26548 Norderney, Tel. 04932/8980, Fax 04932/898200. Tennisplätze, Reiten, Sauna, Hallen- und Freibad; 79 Zimmer, 16 Suiten.

Papenburg: €€€/€€ **Alte Werft,** Ölmühlenweg 1, 26871 Papenburg, Tel. 04961/9200, Fax 04961/920100. Golfplatz (18 Loch), Fitnessraum, Fahrradverleih, Solarium, Sauna; 112 Zimmer, 9 Suiten.

Varel: €€€/€€ **Waldschlösschen Mühlenteich,** Mühlenteichstraße 78, 26316 Varel, Tel. 04451/9210, Fax 04451/921100. Kegelbahn, Fahrradverleih, Beautyfarm, Sauna, Solarium, Hallenbad; 46 Zimmer.

Wilhelmshaven: € **Hotel Seerose Garni,** Südstrand 112, 26382 Wilhelmshaven, Tel. 04421/43366, Fax 04421/43311. Parkplätze; 16 Zimmer, 1 Suite.

Wittmund: € **Residenz am Schlosspark,** Am Markt 13, 26409 Wittmund, Tel. 04462/8860, Fax 04462/886123. Golfplatz (18 Loch), Fitnessraum, Sauna, Solarium; 50 Zimmer.

Zetel: € **Neuenburger Hof,** Am Markt 12, 26340 Zetel-Neuenburg, Tel. 04452/266, Fax 04452/7806. Parkplätze, Kegelbahn, Fahrradverleih, Sauna, Solarium; 16 Zimmer.

SPECIAL

Ebbe und Flut

Den alten Römern und Griechen auf Nordseetour kamen die Gezeiten, die den Boden des Meeres mal erscheinen und mal verschwinden ließen, überaus kurios vor. Sie spekulierten ganz richtig, dass der Mond etwas mit der Sache zu tun haben könnte. Heute weiß man es an der Küste natürlich besser – und erzählt mit todernster Miene: Als das Meer zum ersten Mal an das Land herantrat, erblickte es einen Ostfriesen. Darüber war es so entsetzt, dass es sich sofort wieder zurückzog. Seither schaut es alle zwölf Stunden nach, ob sich etwas geändert hat. Bis auf weiteres offensichtlich nicht, denn bei Ebbe und Flut ist es geblieben.

SPECIAL

Tee und Kluntjes

Unwahr ist, dass der Brauch des Teetrinkens in Ostfriesland erst nach der Französischen Revolution aufkam, weil man den Ruf ›Liberté‹ dort als ›lieber Tee‹ interpretierte. Wahr ist, dass die ostfriesische Geistlichkeit bereits im 17. Jh. nicht mehr am Alkoholkonsum ihrer Schäfchen vorbeizusehen vermochte – vor allem Bier wurde in großen Mengen konsumiert – und deshalb auf Abhilfe sann. So verfielen die Pastoren auf den Tee, und der wurde landesweit eingeführt. Das Ergebnis ist: Heute werden in Ostfriesland pro Kopf und Jahr 2,4 kg Tee verbraucht – das ist fast soviel wie in England. Und man schlürft das Gebräu nicht nur, weil es gut mundet und anregt. Nein, in Ostfriesland versteht man auch bis zur Wissenschaftlichkeit etwas von Teekultur, weiß den Grundstoff optimal zu hegen und zu pflegen – und vor allem zuzubereiten. Wenn der Trank dann goldbraun in der Tasse dampft und Kluntjes (Kandisbrocken) in ihm knistern, wird zuletzt die feine Teesahne zugefügt. Die Sahne um Himmels willen nicht umrühren – kaum ein Akt gilt in Ostfriesland als barbarischer! Und den Löffel muss man in die Tasse legen, wenn man genug hat. Denn sonst, so will es der Brauch, wird auf immer und ewig nachgeschenkt.

Kirchen

Sehr zur Freude der Geistlichkeit werden Gottesdienste in den Urlaubszentren, besonders auf den Inseln, von Feriengästen gut besucht. Doch auch wer (alte) Kirchen nur besichtigen möchte, kommt auf seine Kosten. Viele Gotteshäuser im Küstenbereich stammen aus dem 11. bis 14. Jh. Von außen häufig schlicht, weisen sie jedoch oft faszinierende Interieurs mit uralten (aber spielbereiten) Orgeln und prachtvollen Altären und Schnitzarbeiten auf. Falls eine historische Kirche nicht offen sein sollte, einfach im benachbarten Pfarrhaus anklopfen.

Mühlen

Windmühlen aus alter Zeit sind schon fast synonym mit dem deutschen Nordwesten. Manche sind noch in Betrieb und geben Einblicke in eine bemerkenswert simple und dennoch erstaunlich funktionelle Technik. Und in einigen kann man sich wie anno dazumal auch mit frisch Gemahlenem eindecken – ein kleiner Kick für den Naturkostliebhaber. Genauere Infos über die Deutsche Mühlenvereinigung Niedersachsen-Bremen, Töpferstraße 11, 49078 Osnabrück, Tel. 0541/444104, www.deutsche-muehlen.de.

Radtouren

Die Kapitel dieses Bandes folgen bewusst einer West-Ost-Richtung. Denn der Wind an der Küste bläst meist aus westlichen Richtungen, und man kann sich als Radler dann ein bisschen treiben lassen.
Es gibt eine ganze Anzahl speziell ausgearbeiteter Radwanderrouten. Die ›**Friesland-Tour**‹ beginnt und endet in Wilhelmshaven, führt um den Jadebusen über Wittmund zur Nordseeküste und zurück über Jever. Auf der ›**Störtebekerstraße**‹ hält man sich an die Küste und kann von Leer bis Blexen Seewind atmen. Die ›**Internationale Dollard-Route**‹ ist auf Seite 21 kurz behandelt. Die ›**Deutsche Fehnroute**‹ führt durch das Innere Ostfrieslands bis ins Oldenburgische. Für letztere beiden Routen gibt es ein Info-Büro: Friesenstraße 34, 26789 Leer, Tel. 0491/66641.

Restaurants (eine Auswahl)

Von Varta-Experten geprüft; weitere Adressen im ›Varta-Führer‹ (im Buchhandel erhältlich).

Preise:

€€€€	Hauptspeise	über 20 €
€€€	Hauptspeise	15–20 €
€€	Hauptspeise	10–15 €
€	Hauptspeise	5–10 €

Apen: €€ **Hengstforder Mühle**, Hauptstraße 302, 26689 Apen-Hengstforde, Tel. 04489/92720, Fax 04489/927220. Terrasse, Parkplätze; 60 Sitzplätze.

Aurich: €€€/€€ **Brems Garten**, Kirchdorfer Straße 7, 26603 Aurich, Tel. 04941/9200, Fax 04941/920920. 250 Sitzplätze.

Bad Zwischenahn: €€€€/€€€ **Apicius** im Hotel Jagdhaus Eiden am See, Eiden 9, 26160 Bad Zwischenahn-Aschhauserfeld, Tel. 04403/698416, Fax 04403/698398. Ruhetage: So. und Mo.; 30 Sitzplätze.

Baltrum: €€€/€ **Witthus an't Brüg**, Dependance Seemöwe Nr. 137, 26579 Baltrum, Tel. 04939/990000, Fax 04939/990001. Ruhetag: Mo.; 80 Sitzplätze.

Ganderkesee: €€ **Menkens' Restaurant**, Wildeshauser Landstraße 66, 27777 Ganderkesee-Hoyerswege, Tel. 04222/93100, Fax 04222/931055. Ruhetag: Mo. und Di. mittags; 59 Sitzplätze.

Dicke Pötte gibt es nicht nur auf dem Wasser ...

Jever: €€€€/€ **Haus der Getreuen**, Schlachtstraße 1, 26441, Jever, Tel. 04461/3010, Fax 04461/72373. 118 Sitzplätze; Traditionshaus mit historisch gestalteten Zimmern.

Juist: €€€€/€€€ **Restaurant im Hotel Achterdiek**, Wilhelmstraße 36, 26571 Juist, Tel. 04935/8040, Fax 04935/1754. Terrasse; 22 Sitzplätze.

Langeoog: Ostfriesische Teestube, Am Hafen 27, 26465 Langeoog, Tel. 04972/6156, Fax 04972/1880. Ruhetag: Do.; 40 Sitzplätze.

Leer: €€€ **Zur Waage und Börse**, Neue Straße 1, 26789 Leer, Tel. 0491/62244, Fax 0491/4665. Ruhetage: Mo. und Di.; Terrasse; 36 Sitzplätze.

Neuharlingersiel: Störmhuus, Am Hafen Ost 14, 26427 Neuharlingersiel, Tel. 04974/707, Fax 04974/833. 11.00–18.30 Uhr, Ruhetag: Do.; 50 Sitzplätze.

Norderney: €€€€/€€€ **Veltins-Stübchen**, Jann-Berghaus-Straße 78, 26548 Norderney, Tel. 04932/3499, Fax 04932/84229. nur abends, Ruhetag: Mi.; 32 Sitzplätze.
Alte Teestube, Viktoriastraße 12, 26548 Norderney, Tel. 04932/667, Fax 04932/927942.

Oldenburg: €€€ **Le Journal**, Wallstraße 13, 26122 Oldenburg, Tel. 0441/13128, Fax 0441/25292. Nur abends, Ruhetage: So. und Mo.; 50 Sitzplätze.
Café Klinge, Theaterwall 47, 26122 Oldenburg, Tel. 0441/25012, Fax 0441/26148. 8.00–18.30, Sa. und So. 10.00–18.00 Uhr.

Rastede: €€€€/€€€ **Das weiße Haus**, Südender Straße 1, 26180 Rastede, Tel. 04402/3243, Fax 04402/84726. Ruhetag: Do., Gartenlokal, Parkplätze; 34 Sitzplätze.

Wiefelstede: €€€/€€ **Renken's Bauerndiele**, Amselstraße 1, 26215 Wiefelstede, Tel. 04402/960690, Fax 04402/960917. Ruhetag: Mo.; 80 Sitzplätze.

... – das Teemuseum Norden beweist es

Sport

Spezifische regionale Sportarten sind **Boßeln** und **Klootschießen**. Dabei werden auf kleinen Landstraßen oder vereisten Feldern schwere Kugeln vorangetrieben, und das Ganze ist meist eine lustige Sache. Landestypisch ist, wie im Nachbarland Holland auch, **Schlittschuhlaufen**.

Auf den Inseln finden im Sommer an den meisten Stränden **Gymnastik** und **Ballspiele** (Beachvolleyball u.a.) unter fachlicher Anleitung statt, in der Regel kostenlos. Ein paar Scheine muss man dagegen hinlegen, um an einem **Surf- oder Segelkurs** teilzunehmen; dafür ist nordseefeste Abhärtung im Preis inbegriffen. Überall an der Küste ist **Schwimmen** natürlich die Sportart Nr. 1. Man unterschätze aber nicht die Strömungen der offenen See und des ablaufenden Wassers im Watt – dagegen anzuschwimmen ist zwecklos! Als Alternative bieten sich in fast allen Küsten und Inselorten tropisch warme **Seewasserhallenbäder** an.

Unter Dach kann man in allen Urlaubsorten auch **Tennis** spielen. **Reiten** wird man aber wohl lieber in der freien Natur, zumal zahlreiche Pferdehöfe existieren. Oder eine Runde **Golf**? Greens gibt es auf Juist, Norderney und Langeoog, in Hatten, Papenburg, Rastede, Wiesmoor, Wilhelmshaven und Zwischenahn-Rostrup.

Unterkunft

Hotels: siehe Seite 109.

Zimmer: Tausende von Gästebetten stehen im Raum Ostfriesland-Oldenburg bereit. Hat man ein bestimmtes Urlaubsziel ausgemacht, rufe man das örtliche Verkehrsamt an und lasse sich ein Gastgeberverzeichnis mit Hotels, Pensionen, Privatzimmern und Ferienwohnungen zusenden. Bei den letzteren drei Kategorien ist zu bedenken, dass man schon ein paar Tage bleiben muss, um aufgenommen zu werden. Gute Informationen auch im Internet: Auf den regionalen Websites (s. Adressen) kann man Infos und Gastgeberverzeichnisse per E-Mail bestellen und Hotels und Pensionen teilweise auch online einsehen.

Jugendherbergen: Anschriften und Belegungsstatus erfährt man beim DJH Landesverband Unterweser-Ems, Woltmershauser Allee 8, 28199 Bremen, Tel. 0421/598300, Fax 0421/5983055, www.djh-unterweser-ems.de. Folgende JH sind in der Region:

JH Aurich, Am Ellernfeld, 26603 Aurich, Tel. 04941/2827, Fax 04941/67482, jh-aurich@djh-unterweser-ems.de

JH Bad Zwischenahn, Schirrmannweg 14, 26160 Bad Zwischenahn, Tel. 04403/2393, Fax 04403/64588, jh-badzwischenahn@djh-unterweser-ems.de

JH Borkum ›Am Wattenmeer‹, Reedestraße 231, 26757 Borkum, Tel. 04922/579, Fax 04922/7124, jh-borkum@djh-unterweser-ems.de

Geschichte

- **10000–7500 v. Chr.** Archäologische Funde weisen auf eine Besiedlung des Territoriums zu mindestens diesem Zeitpunkt (Mittlere Steinzeit) hin.
- **Zeitenwende** Römische Eroberer fielen in die Küstenregion ein. Die geplante Kolonisierung gelang ihnen wegen heftiger Gegenwehr chaukischer und sächsischer Stämme nicht, aber erste Beschreibungen der Region blieben für die Nachwelt erhalten.
- **um 600** Friesen aus den Niederlanden wanderten in das heutige Ostfriesland ein.
- **um 700** Das friesische Großreich unter König Radbod entstand.
- **755** Der Missionar Bonifatius starb im ostfriesischen Dockum den Märtyrertod.
- **775** Karl der Große ordnete die endgültige Christianisierung der Friesen an, die trotz zähen Widerstands etwa 885 abgeschlossen wurde.
- **10.–12. Jh.** Die Gebiete westlich des Weserdeltas wurden von den Sachsen kolonisiert.
- **1000** Beginn des Deichbaus durch die Friesen.
- **1102** Erstmalige dokumentarische Belegung einer ›Olde Borch‹, aus der das spätere Oldenburg entsteht.
- **12. Jh.** Blütezeit der friesischen Freiheitlichkeit mit hoch entwickeltem Demokratie- und Rechtswesen.
- **1219 und 1362** Während der beiden Marcellusfluten wurde der Jadebusen ins Land gebrochen.
- **1345** Oldenburg erhielt Stadtrecht.
- **Ende 14. Jh.** Seeräuber unter Godeke Michels und Klaus Störtebeker machten die Nordseeküsten unsicher.
- **16.–17. Jh.** Der Dreißigjährige Krieg verschonte Oldenburg. In Ostfriesland fanden jedoch regionale Religionskriege statt; am Ende blieb der Nordwesten – bis heute – mehrheitlich lutherisch.
- **1667** Oldenburg geriet unter dänische Oberhoheit – bis 1773.
- **1676** Bei einem schweren Gewitter wurde fast die gesamte Stadt Oldenburg durch Brand zerstört.
- **1717** Die Weihnachtsflut brachte Tausenden Küstenbewohnern Tod und Verderben.
- **1744** Ostfriesland kam an Preußen. Der ›Alte Fritz‹ forcierte als König den Deichbau.
- **1797** Norderney wurde erstes deutsches Nordseebad.
- **Anfang 19. Jh.** Allgemeiner ökonomischer Niedergang durch die Napoleonischen Kriege.
- **1869** Der spätere Kaiser Wilhelm I. weihte feierlich den neuen Flottenstützpunkt Wilhelmshaven ein.
- **1918** Matrosen der Kaiserlichen Marine revoltierten in Wilhelmshaven gegen eine Fortsetzung des Krieges. Oldenburg verlor bei Kriegsende seinen Status als unabhängiges Großherzogtum.
- **1939–1945** Der Zweite Weltkrieg ging relativ glimpflich für die Region ab. Oldenburg blieb nahezu unversehrt, aber Emden und Wilhelmshaven verzeichneten schwere Zerstörungen.
- **1962** Die Sturmflut im Februar verwüstete die Küste und die Inseln und führte zu hohen Menschenverlusten.
- **1986** Proklamation des ›Nationalparks Wattenmeer‹, der weite Teile der ostfriesischen und oldenburgischen Küstengewässer einbezieht.
- **2000** Wilhelmshaven spielte als ›Ableger‹ der Expo 2000 in Hannover eine gelungene Rolle.

JH Carolinensiel, Herbergsmense 13, 26409 Wittmund, Tel. 04464/252, Fax 04464/655, jh-carolinensiel@djh-unterweser-ems.de
JH Emden, An der Kesselschleuse 5, 26725 Emden, Tel. 04921/23797, Fax 04921/32161, jh-emden@t-online.de
JH Esens-Bensersiel, Grashauser Flage 2, 26427 Esens-Bensersiel, Tel. 04971/3717, Fax 04971/659, jh-esens@djh-unterweser-ems.de
JH Hude, Linteler Straße 3, 27798 Hude, Tel. 04408/414, Fax 04408/970322, jh-hude@djh-unterweser-ems.de
JH Jever, Jahnstraße 12, 26441 Jever, Tel. 04461/909202, Fax 04461/909209, jh-jever@djh-unterweser-ems.de
JH Juist, Loogster Pad 20, 26571 Juist, Tel. 04935/92910, Fax 04935/8294, jh-juist@djh-unterweser-ems.de
JH Langeoog, Domäne Melkhörn, 26465 Langeoog, Tel. 04972/276, Fax 04972/6694, jh-langeoog@djh-unterweser-ems.de
JH Leer, Süderkreuzstraße 7, 26789 Leer, Tel. 0491/2126, Fax 0491/61576, jh-leer@djh-unterweser-ems.de

SPECIAL

Kohl und Pinkel

›Grün-Kohl‹ hämte man Joschka Fischer, als er rundlich wie der einstige Bundeskanzler war. Doch in der Regel denkt man bei diesem Stichwort eher an den deutschen Norden, wo das grüne Kraut einen besonderen Stellenwert genießt – wohl seit der (nord-) friesische Volksheld Pidder Lyng einen Steuerdisput kurzerhand damit beendete, dass er einen üblen Vogt in kochend heißem Grünkohl erstickte. Ein friesisch-oldenburgisches Nationalgericht also? Man kann es so nennen. Denn mag es grünen Kohl auch in Afrika oder Amerika geben, in der Zubereitungsform ›Kohl und Pinkel‹ trifft man ihn nur zwischen Ems und Weser an. Was Letzteres sei, wird oft gefragt: Keine Scheu, es ist eine Grützwurst, die, zugegeben, vor Fett strotzt und am besten schmeckt, wenn sie schwimmt. Flüssig-Klares ist daher unverzichtbarer Bestandteil jedes Kohlessens. Und erst recht jener Vertilgungsorgien, die man harmlos ›Kohlfahrt‹ nennt und an deren Ende, nach feucht-fröhlichem Boßelwettbewerb an der winterfrischen Luft, die Kür von ›Kohlkönigen und -königinnen‹ steht: Gewählt wird meist der- oder diejenige mit dem diesbezüglich größten Fassungsvermögen.

Nordseeschwimmer – wie auf Juist – müssen abgehärtet sein, die Temperaturen sind selten karibisch

JH Norddeich, Strandstraße 1, 26506 Norden-Norddeich, Tel. 04931/8064, Fax 04931/81828, jh-norddeich@djh-unterweser-ems.de
JH Nordenham, Strandallee 12, 26954 Nordenham, Tel. 04731/88262, Fax 04731/88034, jh-nordenham@djh-unterweser-ems.de
JH Norderney ›Dünensender‹, Am Dünensender 3, 26548 Norderney, Tel. 04932/2574, Fax 04932/83266, jh-norderney-duenensender@djh-unterweser-ems.de
JH Norderney ›Südstraße‹, Südstraße 1, 26535 Norderney, Tel. 04932/2451, Fax 04932/83600, jh-norderney-sued@djh-unterweser-ems.de
JH Oldenburg, Alexanderstraße 65, 26121 Oldenburg, Tel. 0441/87135, Fax 0441/8852493, jh-oldenburg@djh-unterweser-ems.de
JH Papenburg, Kirchstraße 38, 26871 Papenburg, Tel. 04961/2793, Fax 04961/916554, jh-papenburg@djh-unterweser-ems.de
JH Wangerooge, Westturm, 26486 Wangerooge, Tel. 04469/439, Fax 04469/8578, jh-wangerooge@djh-unterweser-ems.de
JH Westerstede, Jahnallee 1, 26655 Westerstede, Tel. 04488/84690, Fax 04488/78317, hoessensportzentrum@westerstede.de

Bauernhofferien: 400 niedersächsische Landfrauen und -wirte haben sich zur **Arbeitsgemeinschaft Urlaub & Freizeit auf dem Lande** zusammengeschlossen. Mit ihnen sind Ferien auf dem Bauernhof, in Heuhotels oder mit Pferden bequem zu verwirklichen (Lindhooper Straße 63, 27283 Verden, Tel. 04231/96650, Fax 04231/966566, www.bauernhofferien.de).

WANDERN

Im gesamten Bereich Ostfriesland-Oldenburg gibt es beste Wandermöglichkeiten. Die oben unter ›Radtouren‹ geschilderten **Routen** lassen sich auch ohne weiteres unter die Füße nehmen. Und auf allen Inseln bieten sich Strände und Dünentäler für besonders schöne Touren an. Auch im Umfeld der Städte findet man immer etwas zu erwandern. So kann man etwa von Russland nach Amerika laufen, beides Ortsteile des Städtchens Friedeburg, und wird vom Verkehrsbüro dafür mit einer Urkunde belohnt. Und dann der lange, lange Deich! Fast überall ist er autofrei, und einziges (kleines) Ärgernis sind gelegentliche Murmeln unter den Füßen – denn man muss das Revier oft mit Schafen teilen.

In den meisten Insel- und Küstenorten werden auch **Wattwanderungen** angeboten, entweder für zwei, drei Stunden hinaus ins Weite oder für eine Festlandstour. Wanderungen in eigener Verantwortung beinhalten aber immer ein gewisses Wagnis (Nebel, Flut, Gewitter). Deshalb sollte man sich immer einem lizenzierten Wattführer anvertrauen, der (in der Gruppe) nicht alle Welt kostet und einen obendrein mit Döntjes (Geschichten) unterhält.

Borkum	Tagestemp. max.	Nachttemp. min.	Wassertemp.	Tage mit Niederschlag	Sonnenstunden pro Tag
Januar	3°	0°	4°	13	2
Februar	4°	0°	4°	9	3
März	6°	2°	4°	10	4
April	10°	4°	6°	9	6
Mai	15°	9°	10°	9	7
Juni	18°	12°	13°	10	8
Juli	19°	14°	16°	11	7
August	20°	14°	17°	11	7
September	17°	12°	16°	12	5
Oktober	13°	9°	13°	13	3
November	8°	4°	9°	14	2
Dezember	5°	1°	7°	14	1

Durchschnittswerte — Quelle: Deutscher Wetterdienst, Hamburg

Register

Register

(**Fett gedruckte** Ziffern verweisen auf Abbildungen)

Zeichenerklärung

Impressum

3. aktualisierte Auflage 2005
Verlag: HB Verlag, Marco-Polo-Zentrum, 73760 Ostfildern, Postfach 3151, 73751 Ostfildern, Tel. 0711/4502-0, Fax 0711/4502-135, www.hb-verlag.de, info@bildatlas.de
Geschäftsführer: Dr. Thomas Brinkmann, Dr. Stephanie Mair-Huydts

Chefredaktion und Programmleitung: Rainer Eisenschmid, Birgit Borowski
Redaktion: Horst Keppler
Text und Aktualisierung: Roland Hanewald, Neuenburg
Exklusiv-Fotografie: Marc-Oliver Schulz, Hamburg
Titelbild: Superbild/Nießner (Mühle in Greetsiel)
Zusätzliches Fotomaterial: Roland Hanewald (S. 84/85 o.r.)
Grafische Konzeption: CYCLUS · Visuelle Kommunikation, Stuttgart
Layout: Rolf Bünermann, Gütersloh
Kartografie: © MAIRDUMONT GmbH & Co KG, Ostfildern
HB Bildatlas Fotoservice: HB Verlag, Marco-Polo-Zentrum, 73760 Ostfildern, Tel. 0711/4502-266, Fax 0711/4502-1006, a.nebel@mairdumont.com

Für die Richtigkeit der in diesem HB Bildatlas angegebenen Daten – Adressen, Öffnungszeiten, Telefonnummern usw. – kann der Verlag keine Garantie übernehmen. Nachdruck, auch auszugsweise, nur mit vorheriger Genehmigung des Verlages. Erscheinungsweise: monatlich.

Anzeigenalleinverkauf: KV Kommunalverlag GmbH & Co. KG, MediaCenterMünchen, Postfach 810565, 81905 München, Tel. 089/928096-44/-52, Fax 089/928096-62, kramer@kommunal-verlag.de, www.mediacentermuenchen.de
Vertrieb Zeitschriftenhandel: Partner Pressevertrieb GmbH, Postfach 810420, 70521 Stuttgart, Tel. 0711/7252-227, Fax 0711/7252-310
Vertrieb Abonnement: Zenit Pressevertrieb GmbH, Postfach 810640, 70523 Stuttgart, Tel. 0711/7252-265, Fax 0711/7252-333, hbverlag@zenit-presse.de
Vertrieb Buchhandel und Einzelhefte: MAIRDUMONT GmbH & Co KG, Marco-Polo-Zentrum, 73760 Ostfildern, Tel. 0711/4502-0, Fax 0711/4502-340
Reproduktionen: Otterbach Medien KG GmbH & Co., Rastatt
Druck und buchbinderische Verarbeitung: Echter Druck GmbH, Würzburg. Printed in Germany

ISBN 3-616-06112-1

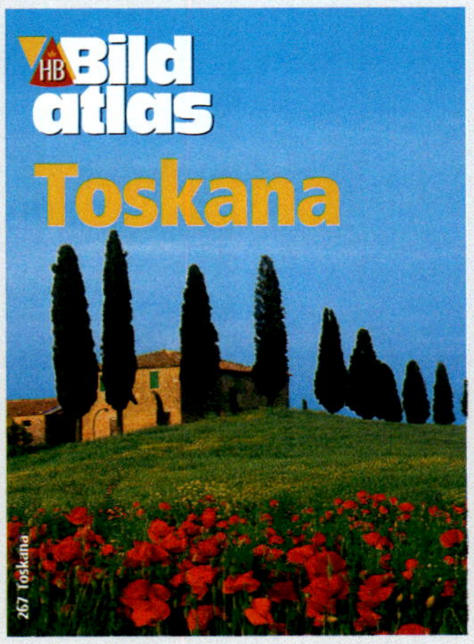

HB Bildatlas

Deutschland

227 Allgäu
198 Altmühltal
204 Bayerischer Wald
235 Berlin
235 Berlin (englische Ausgabe)
185 Bodensee
111 Brandenburg
178 Chiemgau · Berchtesgadener Land
274 Dresden · Sächsische Schweiz
256 Eifel · Aachen
260 Elbe und Weser · Bremen
171 Erzgebirge · Vogtland · Chemnitz
190 Fichtelgebirge · Frankenwald · Coburger Land
242 Frankfurt · Taunus · Rheingau
269 Fränkische Schweiz
253 Hamburg
253 Hamburg (englische Ausgabe)
73 Hannover · Braunschweiger Land
263 Harz
188 Hessisches Bergland
234 Hunsrück · Naheland · Rheinhessen
233 Leipzig · Halle · Magdeburg
209 Lüneburger Heide
285 Mainfranken
179 Mecklenburgische Seen
240 Mecklenburg-Vorpommern
151 Mittelfranken
249 Mosel
165 München
255 Münsterland · Münster
281 Nordseeküste Schleswig-Holstein
196 Oberbayern zwischen Lech und Inn
271 Odenwald · Bergstraße
219 Osnabrücker Land · Emsland · Oldenburger Münsterland · Grafschaft Bentheim
155 Ostbayern zwischen Donau und Inn
211 Ostfriesland · Oldenburger Land
168 Ostseeküste Mecklenburg-Vorpommern
277 Ostseeküste Schleswig-Holstein
215 Pfalz
194 Potsdam · Havelland
243 Rhein zwischen Köln und Mainz
208 Rügen · Usedom · Hiddensee
161 Saarland
258 Sachsen
114 Sachsen-Anhalt
268 Sauerland
200 Schwäbische Alb
266 Schwarzwald · Norden
214 Spreewald · Lausitz · Märkisch-Oderland
247 Südlicher Schwarzwald
224 Sylt · Amrum · Föhr
182 Tauber und Neckar · Stuttgart · Heilbronn · Rothenburg
173 Teutoburger Wald · Ostwestfalen
261 Thüringen
141 Thüringer Wald
202 Trier
237 Weserbergland

Benelux

246 Amsterdam
187 Flandern · Brüssel
62 Luxemburg
275 Niederlande

Frankreich

160 Atlantikküste
278 Bretagne
217 Burgund
225 Côte d'Azur · Monaco
222 Elsass
221 Korsika
132 Normandie
229 Paris
192 Provence
184 Südfrankreich · Languedoc-Roussillon

Griechenland

193 Athen · Peloponnes
140 Griechische Inseln: Kykladen
189 Korfu · Ionische Inseln
228 Kreta
104 Rhodos · Dodekanes
166 Zypern

Grossbritannien · Irland

158 Irland
197 Kanalinseln
175 London
231 Nordengland
144 Schottland
241 Südengland
216 Wales

Italien · Malta · Kroatien

195 Adriaküste · Emilia-Romagna
239 Gardasee · Trentino
156 Golf von Neapel · Kampanien
265 Italienische Riviera
282 Italien · Norden
238 Kroatische Adriaküste
254 Malta
210 Mittelitalien: Marken · Umbrien · Abruzzen
270 Oberitalienische Seen · Mailand
230 Piemont · Aostatal
226 Rom
264 Sardinien
232 Sizilien
201 Süditalien: Apulien · Basilikata
207 Südtirol
267 Toskana
181 Venedig · Venetien · Friaul · Triest

Mittel- und Osteuropa

164 Böhmen
280 Bulgarien
283 Danzig · Ostsee · Masuren
248 Prag
152 St. Petersburg
244 Südpolen

Österreich

162 Burgenland
170 Kärnten
199 Niederösterreich · Wachau
218 Oberösterreich
220 Salzburger Land · Salzkammergut · Salzburg
174 Tirol
206 Wien

Schweiz

154 Basel · Bern · Aargau · Solothurn
172 Tessin
191 Westschweiz

Spanien · Portugal

236 Algarve · Lissabon
223 Andalusien
150 Costa Blanca
262 Costa Brava · Barcelona
176 Gran Canaria · Fuerteventura · Lanzarote
213 Ibiza · Formentera · Menorca
259 Kanarische Inseln
245 Lanzarote
212 Mallorca
203 Nordportugal
205 Nordspanien
177 Teneriffa · La Palma · Gomera · Hierro

Skandinavien

183 Bornholm
279 Dänemark
186 Jütland
180 Nordnorwegen
276 Norwegen · Süden
169 Südfinnland · Helsinki
250 Südschweden · Stockholm

Türkei

252 Türkische Mittelmeerküste

Außereuropäische Ziele

273 Australien Osten · Sydney
284 China
251 Kanadas Westen
272 New York
257 Südafrika

HB Bildatlas Special

Afrika · Naher Osten

67 Ägypten
64 Arabien: V. A. Emirate · Oman · Kuwait · Qatar · Bahrain
52 Indischer Ozean: Madagaskar · Mauritius · La Réunion · Seychellen · Komoren
72 Marokko
61 Namibia
71 Tunesien · Libyen

Australien · Ozeanien

45 Australien: Westen
18 Neuseeland
38 Südsee

Europa

54 Madeira · Azoren · Kapverden

Süd- und Südostasien · Ferner Osten

12 Bali · Lombok · Java
10 Hongkong
53 Indien: Rajasthan · Delhi · Agra
39 Indien: Südindien
43 Peking
69 Philippinen
34 Sri Lanka und Malediven
49 Südkorea
70 Thailand
36 Vietnam

Süd- und Mittelamerika · Karibik

44 Argentinien
57 Chile
55 Dominikanische Republik · Haiti
63 Ecuador und Galápagos-Inseln
60 Jamaika
65 Kleine Antillen: Antigua · Guadeloupe · Martinique · Barbados u. a.
33 Kuba
73 Mexiko
51 Peru

USA · Kanada

58 Alaska
62 Florida
2 Kalifornien
32 Kanadas Osten
68 Las Vegas · Grand Canyon
46 Neuengland · Boston
56 Nordwesten: Washington · Oregon
66 Route 66
26 Südwesten: Nevada · Utah · Arizona · New Mexico
59 Texas

HB Bildatlas Sonderausgaben

24 Ski-Special Alpen 2006
25 Alpen Special 2006

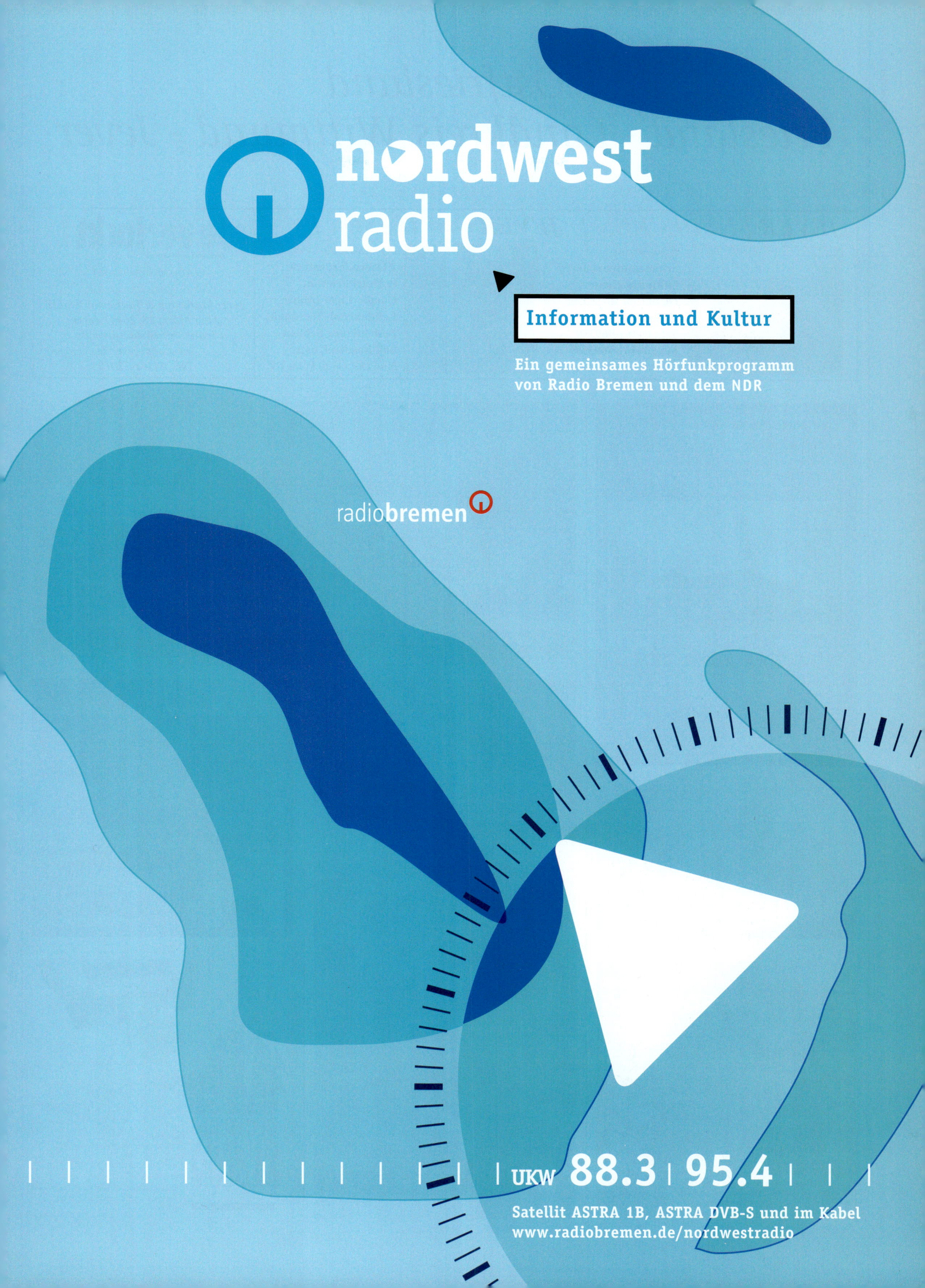
nordwest radio
Information und Kultur
Ein gemeinsames Hörfunkprogramm
von Radio Bremen und dem NDR
radiobremen
UKW 88.3 | 95.4
Satellit ASTRA 1B, ASTRA DVB-S und im Kabel
www.radiobremen.de/nordwestradio

Ostfriesland
Friesland - Landkreis Wittmund - Jever

Meer verstehen!

Die Maritime Meile führt in schöner Hafenatmosphäre vom Bontekai über die historische Kaiser-Wilhelm-Brücke bis zum Südstrand. Auf der 1,6 km langen Strecke bringen Ihnen sechs Erlebniswelten das Thema Meer näher.

maritime MEILE WILHELMSHAVEN

Maritime Meile.de Info: 04421 – 91 30 00

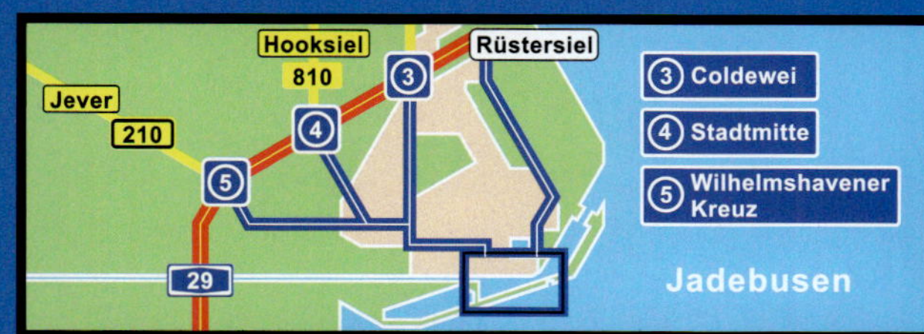

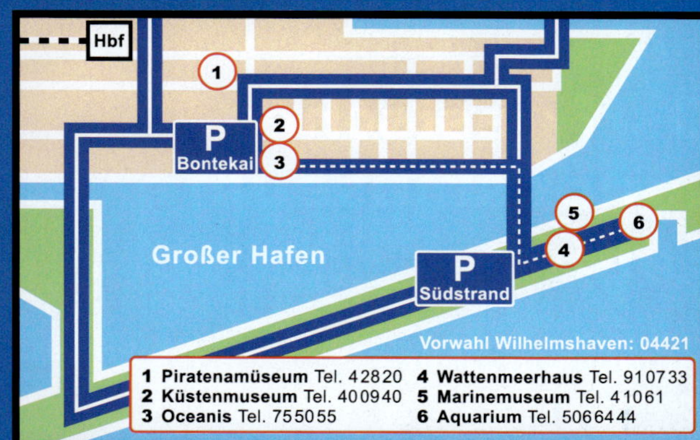

2

3

4

5

6

Ostfriesland
Emden - Helgoland - Cloppenburg

Ostfriesland
Norden Norddeich - Oldenburg - Emsland

HB Bild atlas
Zu Hause genießen! Auf Reisen erleben!
Über 180 Ausgaben des HB Bildatlas führen Sie zu den schönsten Reisezielen in Deutschland, Europa und der Welt. Mit Sehenswürdigkeiten, Tipps für Hotels, Restaurants, übersichtlichen Karten. Jeder HB Bildatlas mit exklusiven Fotos.
HB Bild atlas
Gardasee
Trentino
239 Gardasee
HB Bild atlas
London
HB Bild atlas
Mallorca
nsel auf der Sonnenseite
Spaziergänge in Palma
Abseits großer Wege
Die schönsten Strände
HB Bild atlas
Rügen
Usedom · Hiddensee
208 Rügen · Usedom · Hiddensee
HB Bild atlas
Berlin
Berlin ist immer anders:
Museen, Restaurants und Shopping
Szene und Kiez
235 Berlin